Stitch Life
青木和子のステッチライフ
四季の庭、日々の暮らし

green

Contents

Chapter I
庭と暮らして …… 4

種まきから始まる／スミレのノート／バラのコラージュ／
アリウムの咲く庭／小枝のサンプラー／ハチのサンプラー／
春の庭のドイリー／庭に来る鳥／秋の標本箱／旅はハーブとともに

Column　Stitch Life 〜Garden　庭のこと …… 26
　　　　　　Stitch Life 〜Favourite　好きな花、お気に入り …… 28

Chapter II
私のまいにち …… 30

毎日使うティーマ／染め付けの器／
パンのサンプラー／暮らしの中の小さな手づくり

Chapter III
手仕事の原点 …… 40

ダーラヘストのアップリケ／ガラスボウルの花／
3つのエピソード

Column　Stitch Life 〜Atelier　私の仕事場 …… 48
　　　　　　Stitch Life 〜Offstage　制作の舞台裏 …… 50

Kazuko's Stitch Lesson　青木和子流　ポイントレッスン …… 52
Stitch Catalogue　ステッチの刺し方 …… 58
How to Make　作り方 …… 60

＊この本に関するご質問はお電話またはメールで
書名／青木和子のステッチライフ
本のコード／NV70342
担当／谷山亜紀子
Tel.／03-3383-0637（平日 13:00 〜 17:00 受付）
Web サイト／「日本ヴォーグ社の本」http://book.nihonvogue.co.jp
※サイト内 "お問い合わせ" からお入りください。（終日受付）
（注）Web でのお問い合わせはパソコン専用となります。

立ち読みもできるウェブサイト [日本ヴォーグ社の本]
http://book.nihonvogue.co.jp

本誌に掲載の作品を、複製して販売（店頭、ネットオークション等）することは禁止されています。
手づくりを楽しむためにのみご利用ください。

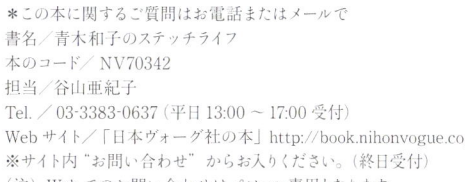

Chapter I
庭と暮らして

バラに夢中の十数年間を過ごし、
今はいつまでも庭とつき合えるようにと、
ローメンテナンスの庭に移行しました。
ハチやてんとう虫、トカゲのことも考えた
オーガニックガーデンです。
落葉樹を増やし、土地に合った植物を植え、
風が通るような植栽に。
少しずつ自然のバランスを取り戻した庭は、
地味だけれど大人っぽくなり、今の自分に似合ってきました。
あれもこれもと欲張らない、余地のある庭は
以前にも増して昆虫の数が増え、にぎやかになりました。
多彩なグリーンの形や色を中心に、好みの花を少し入れていく。
この庭と、ゆっくりとマイペースで暮らしていきます。

種まきから始まる

秋のうちに次のシーズンに向けて、花を選び種を取り寄せます。
気温を見計らって種まきをしたら、芽が出るまでの数日はそわそわと過ごし、
その後、ポット上げ、定着と、作業はいつも同じなのですが、飽きることはありません。
1粒の種から広がる世界は思いのほか広く、
手のひらサイズの種袋から、さまざまな花の咲く野原が出現することもあります。
種袋の中にはガーデナーの夢や希望、想像力をふくらませる何かが詰まっています。

種袋入れ
自家取りの種や、取り寄せた種などをまとめて入れておきます。
涼しくて乾燥したところに引っ掛けておけるよう、持ち手をつけて。

How to make P.62

ワッペン / 種袋

ガーデンダイアリーやカードなどに貼って使いましょう。
1列に並べてボーダー柄にしても。

How to make P.60,61

とても小さな黄色のビオラ (V.arvensis) を、イギリスの麦畑の脇の草むらで見かけたことがあります。小指の爪ほどのサイズで地味でしたが、お店に並んでいる華やかなビオラの交配にV.tricolorとともによく使われています。

スミレのノート

日本のスミレと外国種のビオラ。
見かけは少し違いますが同じViolaの仲間です。
日本はスミレ王国と呼ばれるほど、スミレの種類が多いのですが、
身近に見かけることは少なくなりました。
けれども、強くて可憐なこの花は、春になると必ず庭の隅でひっそりと咲き始めます。

バラのコラージュ

かつて、小さな庭をまるでバラ園のように彩った100本に近いバラたち。
バラを育てることで、どれだけの新しい扉が開いていったことでしょう。
咲いた花をアレンジすること。色と香りを堪能すること。
みずみずしい早春の葉と、はち切れそうな蕾(つぼみ)。
ゆったりと開くたくさんの花びら、散ってなお美しい姿。
今は整理をしてほんの少しになったバラですが、
これからもずっと庭で咲き続けます。

コラージュボード

ピンクのバラを集めましたが、ダークカラーやイエロー・オレンジ系でまとめても素敵。
オールドローズ、フレンチローズなど、こだわりのコレクションでも。

How to make P.66, 67

バラのカード

少しだけ手をかけて、バラの刺しゅうのおすそ分け。
リースには色の変化の少ない段染め糸を使って、簡単にニュアンスのある仕上がりに。

How to make P.66,67

アリウムの咲く庭

すっと長い茎の先から、小さな花のかたまりを少しずつほどきながら球状に咲くアリウム。
実はネギの仲間です。中でも気に入っているのは、Allium cristophii.
メタリックな光沢を感じる六弁の小さな花が、放射状に咲いていきます。
時間をかけて花開くさまは、自然の美しい設計図がゆっくり実行されていくようです。

柔らかくなめらかな刺しゅう糸に、質感の異なる金属を組み合わせると
刺しゅうの質感がぐっと引き立ちます。
チュールレースも、刺しゅう糸では出せないニュアンスを
プラスしてくれるお助け素材。

How to make P.68

小枝のサンプラー

地面に落ちていた小枝が重なって、
何かの文字のように見えました。
小枝を組み合わせて文字を作り、
葉も1色でニュアンスが出るようにと、
段染めの糸を使うことにしました。
段染め糸をスパイスのように使いこなすと
変化がついて、
手持ちの糸の使い勝手がぐんと広がります。
まるで、お料理みたいですね。

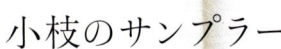

葉っぱのサンプラー

段染め糸は色によって変化がそれぞれなので、単色と混ぜると使いやすい。
上下の糸は1種類で、中の2色は混ぜる割合を変えています。
小枝のサンプラーは単色2本に段染め糸1本です。

How to make P.70

ハチのサンプラー

庭仕事中に出合うハチ。実はとても種類が多いのです。
ミツバチ（セイヨウミツバチ、ニホンミツバチ）、クマバチ、ハナアブなどはすぐにわかるのですが、
それ以外にもいろいろなハチがいます。
まるまるとして毛深いマルハナバチの仲間も、種類によってボーダーの色や幅が違います。
口吻の長さによって限られた花だけを訪れるハチもいて、
花とハチの関係は知れば知るほど興味深い世界です。
後ろ脚に花粉をたっぷりつけて飛びまわり、花にもぐって蜜を吸っている姿を見ると、
ますますハチが好きになります。

How to make P.72,73

ストリングスジャー

少しずつ蜜を集める様子が
コツコツ手仕事をすることに通じるのか、
手仕事の集まりを〜beeと呼ぶことがあります。
勤勉なハチのモチーフを小さな刺しゅう枠に刺し、
サイズの合うキャニスターにかぶせたら、便利な道具になりました。

How to make P.72

春の庭のドイリー

球根の花が終わると、いよいよ春本番の花盛り。
リースを刺しゅうするときは、庭の花を少しずつ摘み、手の中で束ねて色合わせをします。
色はもちろん、花の形や大きさも大切。
点、線、面がバランスよく入ると、きれいにまとまります。
選んだ花を、水を張った白いティーマのお皿にのせて、花を足したり引いたり。
そんなふうにドイリーのモデルを作り、刺しゅうに写し取っていきます。

パンジー、クレマチス、ワスレナグサ、ビオラ、ムラサキカラシナの花、そして矢車草。
黒い矢車草「ブラックボール」の種をまいたら、1本だけ青い花が咲きました。

How to make P.74

春の便り

暖かい風がわっと吹いてくると、庭の緑が日ごとに増していき、
日だまりにハチの羽音が聞こえてきます。
毎年同じ順番で咲き始める花に気づくとき、
季節の変化をそっと手渡された気持ちになります。

スミレの封筒

アクリル絵の具を塗ったベースの布に刺しゅうをした後、封筒を型紙にしてカット。
組み立てて、切手を貼れば送れます。

How to make P.75

庭に来る鳥

木枯らしが吹いて木々が葉を落とす頃になると、殻つきピーナッツで作ったリース、
バスケットに入れたパンくず、みかんを目当てに近所の鳥たちがやって来ます。
金柑やバラの実もあり、しんとして静かな冬の庭は、
鳥たちが来ると一気ににぎやかになります。
シジュウカラやメジロは必ずグループでの訪問。
そして、餌をめぐってヒヨドリとシジュウカラの攻防戦もあり、
窓越しのバードウォッチングは、小さな鳥の応援をしながらになります。

How to make P.76

ロビンとノハラツグミ

庭にはやって来ないのですが、身近におきたい鳥です。
ワイヤーをつけてオーナメントにしたり、
裏にピンをつけてブローチにも。

秋の標本箱

近くに里山がなくても、近所をひと巡りするだけでも、案外ドングリは見つけられます。
公園はもとより、小さな雑木林、線路沿いなど、実が落ちていることで
ドングリの木があることに気がつきます。
そして、今まで手の届かない高いところにあった葉も色づいて、今は手のひらの上に。
秋は収穫の季節です。

きのこはときどき庭にも出現しますが、ぜひ出会ってみたいのはベニテングダケです。
刺しゅうしたあと、ブローチに仕立てました。
ドングリの名前は順に、マテバシイ、コナラ、ナラガシワ、ミズナラ、ピンオーク、クヌギ、スジダイ。

ドングリの編み棒

本物のドングリのついた編み針もありますが、
これはフェルト。
軽くて使いやすいのですが、作っているときには
すぐに手からころころと逃げ出します。

How to make P.79

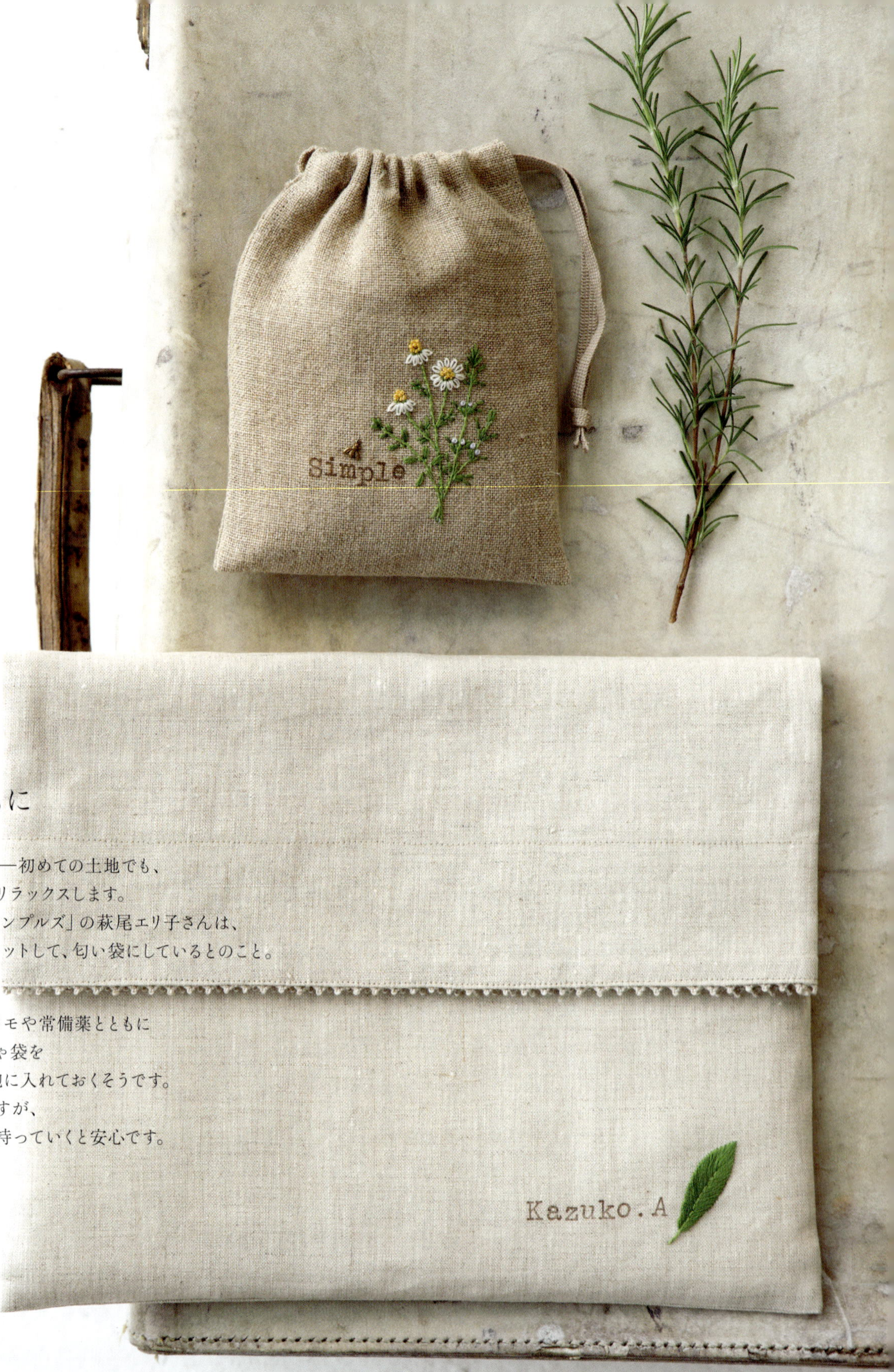

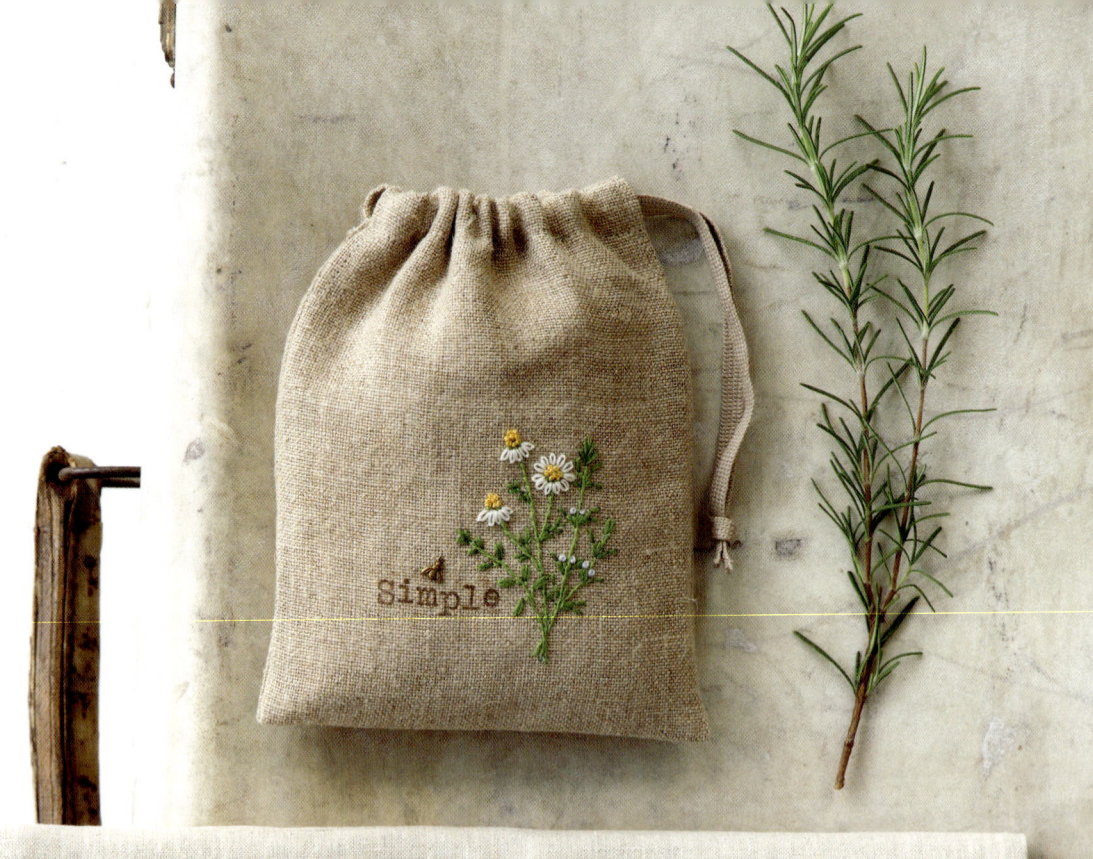

旅はハーブとともに

ハーブを携えて旅行に行く―初めての土地でも、
いつもの香りを持ち歩くとリラックスします。
蓼科の「ハーバルノート シンプルズ」の萩尾エリ子さんは、
旅先で出合ったハーブをカットして、匂い袋にしているとのこと。

作家の梨木香歩さんは、メモや常備薬とともに
ハーブの入ったごちゃごちゃ袋を
「薬草袋」と呼んで旅の鞄に入れておくそうです。
薬草袋は古風な呼び方ですが、
旅行用にカスタマイズして持っていくと安心です。

薬袋 / 小物入れ

simple は古い言葉で薬草のこと。シンプルズは薬草店。
小物入れは、用途に合わせて何サイズか作ると重宝します。
薬袋にはカモミールとタイム、小物入れにはローレルを刺しゅうしました。

 How to make P.80,81

ルーのワッペン

旅のおとものルームシューズにも、おなじみのハーブをプラスして。
ルーはトランプのクラブのデザインにもなっています。

How to make P.81

好奇心を開いてくれる扉が、庭にはたくさんあります。

スケッチをしたら、刺しゅう糸でその色を見つけるようにしています。

Stitch Life 〜 Garden
庭のこと

家とアトリエに寄り添う庭は、自分で手入れができるくらいの小さな庭。植物好きの私にとって、種をまき、育て、花を咲かせ、それをどの植物と組み合わせ、どこに植えるのかを試行錯誤する場所でもあります。心がけているのは、土づくり、空気の通る植栽、日当りや水やりを含めて植物をよく見てあげること。あとはなるべく手を入れず自然に。

緑豊かな野原の表現は、私の持ち続けているテーマ。

植物はどのステージも理にかなった姿をしています。1粒の種の中に、ビオラのすべてが詰まっています。

このラベルの緑色が、私の緑の基本色の1つ。迷ったらこの色からスタート。

使い込んですっかり手になじんだフェルコの剪定ばさみ。本当に枝がバターのように切れます。

クリスマスの頃に作るリースは庭植えのグリーンアイスで。生長が早いので、剪定を兼ねて。

アトリエの前のジューンベリー。うっかりしていると、鳥にすっかり食べられてしまいます。

ずっと以前、バラの「スウィート ジュリエット」を買ったときのラベル。

パンの耳をカットして鳥たちのごはんに。我が家では鳥と同じパンを食べています。

種袋は、旅行の定番のお買い物。このワイルドフラワーの種からは、麦も育ちました。

息抜きのために庭に出たり、用事を思い出して母屋に行ったり。そのたびに目に入る庭を見て、あの茂みを少しスッキリさせたいとか、枝をはらおうとか、日陰に植える植物を思いついたり。日々の庭へのリクエストがたまると、長靴をはいて庭仕事になります。いつも同じことのくり返しのようでいて、新しい発見があります。

すべて自家取りの種から育てた苗。オルラヤ、イノプシディウム、レッドバレリアン・アルバ、ビスカリア。

赤玉、腐葉土、くん炭など、自家ブレンドの土で苗を育てています。

イギリス、グレートディクスターの庭を訪れた際に買い求めた麻ひも。ポケットに入れて使う便利サイズ。

イギリスで見つけたグリーンのミックス糸。

リースベース（枝が巻かれたもの）を使うと、あっという間にでき上がり。

スケッチをするときは、たいてい頭の中で、どの糸で刺しゅうをしようかと考えています。

バラの庭になくてはならないジギタリス。種からスタートすると開花は2年め。

カメムシは色柄豊富。オルラヤのライトグリーンの種に、オレンジと黒のストライプ。

Stitch Life 〜 Favourite
好きな花、お気に入り

毎日の暮らしの中で、身近にちょっとでも花を飾ると気持ちよく過ごせます。アレンジメントのために始めた花作りは、葉ものや実ものにも気づかせてくれました。庭をひとまわりすると、どんな季節でも小さな花束を作ることができますし、季節はずれの花がこっそり咲いているのを見つけることもあります。

バラは蕾が刺しゅうしやすい。

7月に咲く花の香りもよいけれど、金柑はジャムがおいしい。

ピーター・ビールズのナーセリーから取り寄せた「マリーローズ」。香りは濃厚。

バックヤードでもたわわに実ります。おもにアレンジメント用。

ボールのように咲き進むアリウム。自然の造形ってすごいと毎年思います。

もともと庭に植わっていた昔ながらの金柑は、種が多くて手間がかかりますが、手作りジャムはおいしいので。

こぼれ種で毎年咲くわすれな草は「ブルームッツ」。

秋の花を集めて。コンギクは散歩のときに見つけて、庭で増やしました。

種から育てたシノグロッサム。ワスレナグサとは違うブルー。

緑の多い庭でダークカラーの花や葉や、シルバーグリーンなどの明るい葉はアクセントになります。一見地味に見えるのですが、どんな花色とも相性がよく、引き立て役になってシックにまとめてくれます。ダークカラーの効果に気づいてから、刺しゅうの中に少しだけですが、暗い色を入れるようにしてみたら、奥行きが出るようになりました。

自転車置き場の屋根の上のつるバラ、ランブリング・レクター。春咲きで秋には実がなります。

クリスマスローズ、矢車草「ブラックボール」、スモークツリー「ロイヤルパープル」。

キャンドルに添えたのは、バラの実と十字形のフィナンシェ。

小さな池もあるのでメダカも泳ぎ、初夏にはトンボも羽化します。

ダークなビオラとリシマキア・ヌンムラリア。色味もトーンも正反対の組み合わせ。

誰もが必ず触って、ほっと表情をゆるめるラムズイヤー。明るいグレーグリーンがアクセントに。

Chapter II
私のまいにち

夏は早起き、日の出が遅くなるにつれてゆっくり起床ですが、
朝ごはんはいつも同じ。
パンにミルクティー、きのこと野菜プラスの目玉焼き、
季節のフルーツにヨーグルト。手づくりのジャムもあります。
食後は家事をして、コーヒーを飲んでからアトリエへ。
ときどき、お茶とおやつ。
夕方、水まきや庭仕事をすることもあります。
お買い物に行って、晩ごはん作り。
夜は刺しゅうをしないので、テレビを見たり本を読んだり。
こんなふうに私の毎日は過ぎていきます。
たまのお出かけやイベントはちょうどよい句読点。
毎日のルーティンが
アトリエでのフロー状態（リラックスした深い集中）を生み、
今の私のスタイルを形作っています。

毎日使うティーマ

毎日使う北欧の白い食器「ティーマ」は、カイ・フランクのデザイン。
ミニマムな色と形はどんな料理も引き立てて、おいしそうに見せてくれます。
リフォームしたキッチンはカウンターもキャビネットもオーダーして、
ティーマとほぼ同じ色にしました。ティーマ・ホワイトと呼んでいます。
2人の子供が独立するときにも、同じ食器を持たせました。
ティーマはアットホームな食器でもあります。

プレイスマット
ティーマシリーズの器を1列に並べてステッチ。
縁にはバックステッチをして、アクセントに。

How to make P.82

エコバッグ

スーパーの袋を型紙に、エコバッグを仕立てました。
リネンに黒いパイピングが
大人っぽくて気に入っています。

How to make P.84

染め付けの器

プロダクトデザインを学び始めた頃、初めて買った雑誌「民芸」の表紙が
砥部焼の唐草模様のくらわんか碗でした。
そこからバーナード・リーチと柳宗悦のアート＆クラフト運動を知り、
大人になったらこのお茶碗でごはんを食べようと決めたのは、
「用と美」をぼんやりと理解した10代後半のこと。
その後、白い食器に合わせる和食器として砥部焼を少しずつ揃えました。
素朴さの残る染め付けの器は、ティーマと並べても違和感がなく、毎日の食卓で活躍しています。
唐草模様のくらわんか碗は娘のお茶碗になりました。

くらわんか碗は、図案では上中央のお茶碗。
「リバースアップリケ」というちょっと面白い手法を使って、
平面的にならないように仕上げています。

How to make P.83

布の表を見ながら刺しゅうをするので、裏は全く意識していませんが、
糸の始末の際に裏返すと、裏のほうがのびのび感があって、
かえって美しさを感じることもあります。
この作品は、リバースアップリケで背景の色をブルーにしたので、
裏と表がネガポジになり、刺しゅうの流れもよくわかります。

パンのサンプラー

おいしいパンがあると朝から幸せ。
近くに天然酵母のパン屋さんができたので、
食事用のパンも選択肢が増えました。
全粒粉、玄米入り、国産小麦など。
ときどき、カンパーニュや
ナッツ・ドライフルーツ入りなど
変化をつけています。

どうやってパンの質感と特徴を出すか、試行錯誤しました。
裏にマグネットをつけてもかわいいと思います。

How to make P.86

ブレッドクロス

温めたパンはクロスに包むだけでも、
保温されておいしくいただけます。
頻繁に洗濯するものには、針足の短いステッチを使って。

How to make P.72

暮らしの中の小さな手づくり

毎日の暮らしの中で使うものは、
あまり手をかけずにさっと作ってさりげなく使いたい。
小さなものであれば、ちょっとしたプレゼントにもぴったりです。

レシピケース

レシピカードを入れておくケースを作りました。
丸くカットした革をハトメでとめて、ひもつき封筒風に。

鍋つかみ

お土産で鍋つかみをいただいたことがあります。
「わずかな布ですぐ作れるのよ。」と作り方も教わり、少し工夫をしてみました。
ざっくりした粗目のリネンを使えば、目を拾ってクロスステッチができます。
イニシャルを刺しゅうすれば、特別製になりますね。

How to make P.89

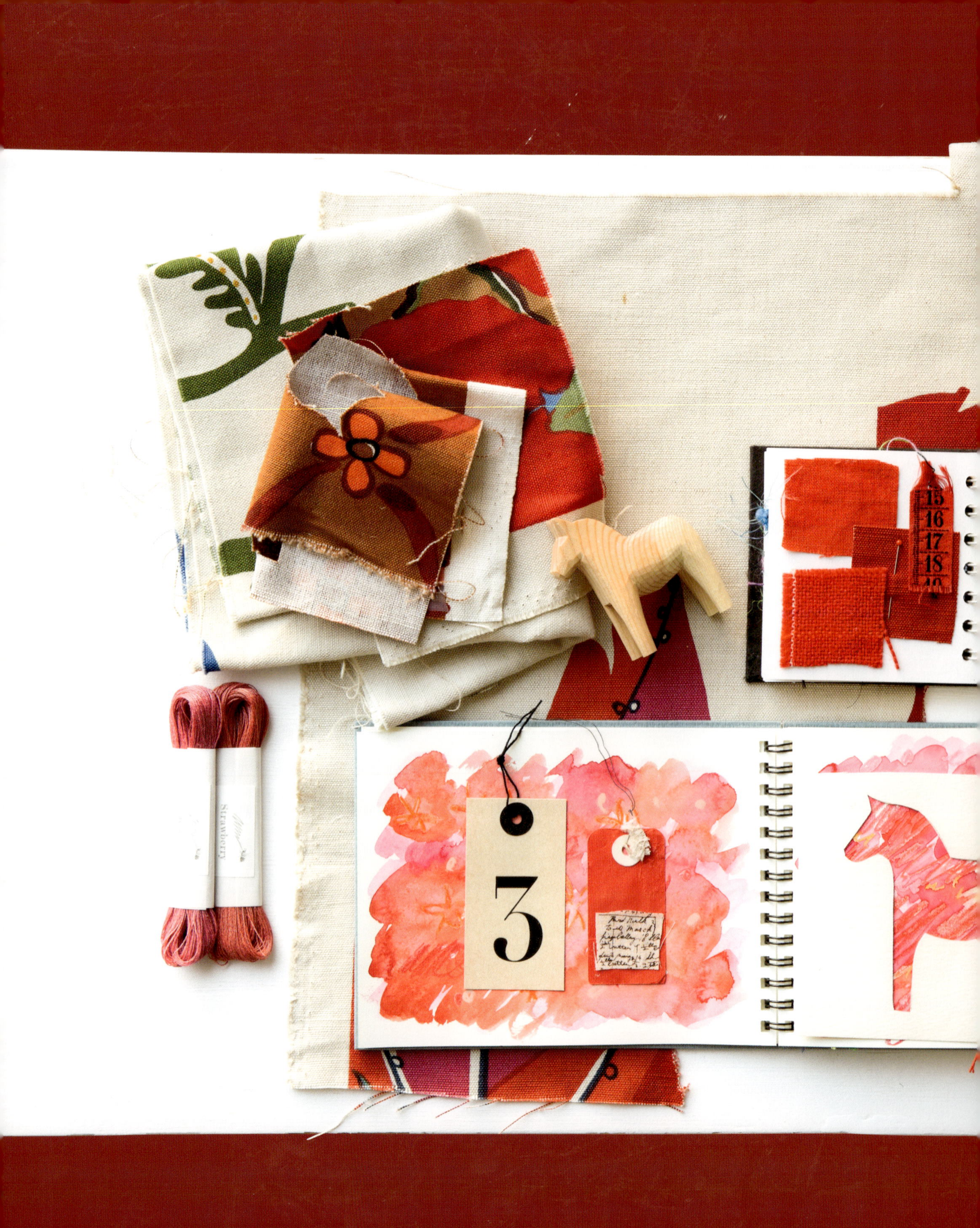
15
16
17
18
Strawberry
3

Chapter III
手仕事の原点

スウェーデンの首都ストックホルムから電車で4時間ほどの町、
ボロースのテキスタイルの学校に1年間通いました。
ウール、麻、コットンなどの素材を使い、
スピニング、機械編み、手織り、機械織り、プリントなど、
さまざまな素材やテクニックで
1枚の布を作り上げる経験は、
デザインと技術がぴったりと噛み合う
ヴィヴィッドな感覚でもありました。
忙しいはずなのに、学校でもお茶の時間はあり、
誰かが焼いてくるケーキとコーヒーを飲みながら、
クラスメート達はいつも編み物をしていました。
上質な素材、美しく厳しい自然、
ゆっくりしたお茶の時間（フィーカ）、暮らしを楽しむこと。
そんな中から、北欧の暖かいデザインが
生まれているのだと思いました。

ダーラヘストのアップリケ

スウェーデンのダーラナ地方には、
昔ながらのハンドプリントで知られるヨブスの工房があります。
厚手のリネンやコットンにプリントされたモチーフは、
工房のまわりで咲く野の花や伝統的な暮らしの風景。
中でも植物のモチーフは、どんなに単純化しても特徴をよくとらえていて、
植物と関わるデザイナーの感性が感じられます。
大柄なモチーフはインテリアでより映えるのですが、
部分を見てもとてもモダン。
そこで、手元にあるハギレの部分を生かす方法を考えてみました。

柄をどう取り入れるかで表情が変わるので、
いろいろと試してみましょう。
タッセルをつけてしっぽにしても。

42　How to make　p.87

43

ガラスボウルの花

ストックホルムの南、スモーランドにはガラスの工房が数多くあり
「ガラスの王国」と呼ばれています。
以前、家族旅行で訪れた際にコスタボダで入手したガラス器は、今でも愛用しています。
ウラシリーズのお皿とボウルは、野の花をレリーフのように浮き立たせたデザインで、
図鑑を片手に調べてみると、当時よく見かけた花ばかり。
今まで何となく使っていたので、気がつきませんでした。
そしてそれは、私がいつも刺しゅうする花でもありました。

How to make P.90

ティーコゼ

すべての花は、ミットソンマル（夏至祭）の頃に咲いている花。
短い夏の間は、たいてい外でティータイムです。

How to make P.92

3つのエピソード

花を摘んで

スウェーデンの西海岸の町
ハルムスタッド出身の友人宅に行ったときのこと。
旅行から帰って来るご両親の家の窓を開けに行く途中、
友人は車から降りると、
野原に咲く黄色の花をポキポキ手折って、
キッチンのテーブルに飾りました。
そのとき、静かだった家にさっと夏の空気が流れ込んできたようでした。
いっせいに花の咲く短い夏を愛おしむように季節の花を飾る。
そんな暮らしの楽しみ方っていいですね。

How to make P.91

コーヒーカップ

テキスタイルの町ボロースの学校に通ったのは、20代の半ば頃。
学生寮に入って最初に買ったのは、コーヒーカップ。
ブルーの小さな花のレリーフがついた
昔からあるカップ&ソーサーで、
陶器と磁器の中間くらいの柔らかい焼き上がりのもの。
早速キッチンでお茶を飲んでいたら、
ヒュースモール（寮母）がやって来て、
そのカップの持ち手は取れやすいから気をつけてねと、
身振り手振りで教えてくれました。
数年後、持ち帰ったカップを洗っているときに持ち手が取れて、
ヒュースモールの顔がぱっと浮かびました。
やはり、忠告通りでした。

リンゴ拾い

学校と学生寮を行ったり来たりの毎日でしたが、
よく寄り道をして帰りました。
家と窓を眺めているだけでも楽しめましたから。
学校から少し離れたところにある
テキスタイルミュージアム沿いに工場があり、
オープンな芝生の前庭にはリンゴの木が数本植えてありました。
秋の夕方そこを歩いていたら人影はなく、リンゴがどっさり落ちていて、
寮の友人とドキドキしながらリンゴを持てるだけ持って帰りました。
そのリンゴでアップルカッカ（リンゴケーキ）を焼くことになり、
レシピを調べているうちに、スウェーデン語に親しめるようになったのは、
もっと大きな収穫でした。
秋に強い風が吹く日、あの木からリンゴが落ちているかしらと
ときどき気になります。

くり抜いた型紙は、別の視点でデザインを見ることができます。

子どもたちが使っていた鳥図鑑。いたずら描きやテープの補修あともありますが、まだ現役です。

Stitch Life 〜 Atelier
私の仕事場

庭の奥、母屋のすぐ隣にあるアトリエは、スウェーデンから持ち帰った織り機を置くために、かれこれ30年以上も前に建てたものです。東南に面した大きな窓と長いカウンターデスク、反対側には収納用のクローゼットがあり、シンプルで使いやすい。ONとOFFの区別がつかない毎日でも、アトリエに入ると不思議と仕事モードに入ります。

困ったときに頼りになる図鑑。同じシリーズで揃えています。

柄の配置を選びに選んで決めました。

オリジナルのリネン糸は細め。繊細な表現は1本どり、強くしたいときは2本どりにします。

赤といってもいろいろあり、気になる赤を集めて絞り込みをすることもあります。

作品に使った糸の糸見本。

バラの刺しゅうを始めるきっかけとなったカーディナル・ドゥ・リシュリュー。

花の図鑑は旅行の際に持ち歩き、出合った日付や場所を書き込みます。

パンの色を刺しゅう糸で拾う。

いつも使っているはさみやピンクッション。気になるはさみは、つい買ってしまいます。

気持ちのよい季節は、アトリエのドアを開け放ちます。バラの季節には、バラの香りが漂い、プリペットの木の花が咲くと、蜂の羽音が聞こえてきます。蝶やトンボが舞い込むこともあり、庭の中のアトリエは自然とともにあります。

イギリスで出合ったフウロソウ。種類がわかっているので、図鑑で確認して細部を詰めます。

スケッチは、デザインの引き出しを増やしてくれる方法の1つ。

なぜかラベルが好き。

糸や切手、布など。同じ色でギャザリングすると1つの世界ができ上がります。

バラの季節。ドアを開けるとアトリエの前に庭が広がり、さっと気分が変わります。

いつも使う鉛筆は、ステッドラーの3B。

49

スウェーデン製の麻の糸。織物用ですが、ときどき刺しゅうにも。

気になったものはメモボードに。

Stitch Life ～ Offstage
制作の舞台裏

デザインや制作に関わるかぎり、資料、材料は増え続けます。毎回、出しては片付けのくり返しですが、その途中で忘れていたモノを見つけたり、布と糸が偶然重なった組み合わせにピンと来ることもあり、なかなか整理ができません。制作中は大きなテーブルに、資料や材料が山積み状態になり、頭の中がそのままテーブルの上に広がっているようです。

愛用の図鑑はイラストと写真が併用されて、モチーフの細部までよくわかります。

25番糸は専用の棚に。

自然光の中で刺しゅうをします。

好きな物を集めてみると、自分の好みがよくわかります。

同じモチーフをくり返し刺しゅうすると、より簡素に表現できるようになります。

いつでも使いたい糸を見つけられるように、番号つきの棚に収納。

保護された猫の里親になって8年。猫のヒイラギをアトリエに連れて来ると、必ずデザイン画の上で寝ます。

「刺しゅうのお薬」と呼んでいる、ウォーミングアップ用の刺しゅう。体調を整えるように、糸1本分などと決めて何も考えずに刺します。

緑色の素材が入っている「緑箱」の中の糸。緑の糸の沼。

花を摘んで並べたり、スケッチをしたり、アトリエは時として実験室にもなります。ごたごたしたカウンターデスクから刺しゅうの気配も立ち上がり、日常のなかの非日常の場所。なんといっても終わるまで片付けなくてもよいのです。そして、すっきりと片付けると気持ちまで広々として余地ができ、さあ次は何をしようかなと思います。

長年使っているカウンターデスク。角が擦れて木の地が出てしまいました。

きのこは知れば知るほど面白い世界。

コラージュでスケッチをしていく方法もあります。

糸は種類でまとめたり、色でまとめたり、おおまかに分類。

母屋とアトリエは隣り合っているのですが、たどり着くのに時間がかかることも。

秋の庭から。お皿に水を張って、花や実もの、葉を並べていきます。

青木和子流
ポイントレッスン

Kazuko's Stitch Lesson

ニードルブックとピンクッションの作り方はP.94,95

Tools & Materials

a / 布
ハリのあるリネンや、ハーフリネンをよく使います。裏側に中厚の片面接着芯を貼ってから使うことが多いです。

b / 刺しゅう枠
大きめの作品には文化刺しゅう用の四角い枠を、小さなものには丸枠を使います。サイズは刺しゅうに合わせて。

c / 木づち
枠に布をピンでとめるときやハトメを打つときに。

d / 虫ピン・画びょう
枠に布を固定します。虫ピンは仕上げ用。

e / 刺しゅう糸
この本ではおもにDMC刺しゅう糸を使用。一番よく使うのは25番。茎を表現するのに5番も使います。プラスして、私のオリジナルリネン糸やAFE麻糸も使っています。

f / はさみ
糸を切る先の細いもののほか、アップリケ用、布の裁断用などを使い分けています。

g / チャーム
作品にちょっとしたかわいさをプラスしてくれます。

h / 綿棒
水をつけて図案のラインを消したり、そっとなぞって糸を整えたり、仕上げのときに大活躍。

i / トレーサー
図案をなぞって布に写します。

j / 刺しゅう針
糸の太さや取り合わせる本数に合わせて使い分けます。

k / まち針
図案を布にとめます。針が細くて頭の小さいシルクまち針がおすすめ。

l / メジャー・定規
サイズを測ったりラインを引いたり。

m / スタンプ
布に押してアクセントに。

n / ワイヤー
質感の違う素材を使うことで刺しゅうが引き立ちます。

*その他、図案を写すチャコペーパーやトレーシングペーパー、作品によってさまざまな素材を必要に応じて使います。

53

Point Lesson
さまざまなテクニック

難しいことはしていないのですが、この本の中で使ったテクニックのちょっとしたポイントをお教えします。

混ぜ糸を作る

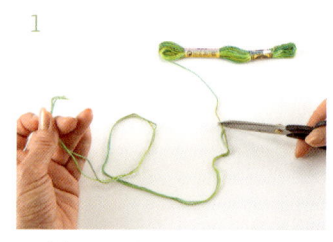

1 25番刺しゅう糸は、ゆるくより合わされた6本を一緒に引き出し、50〜60cmくらいにカットします。

2 必要な本数を1本ずつ引き出して取り合わせます。段染めと単色を混ぜて使うと自然な感じでニュアンスも出せます。今回は単色2本と段染め1本の3本どりで。

3 太さの合った針に通して折り返します。

4 上から段染め3本、段染め2本+単色1本、段染め1本+単色2本、単色3本の刺し見本です。これだけ印象が変わってきます。

布にスタンプ／アップリケをする

1 布用インクパッドを使ってまんべんなくインクをつけ、スタンプを押します。

2 押したところ。アップリケに使う場合は、裏側に両面接着芯（紙つき）を貼ります。

3 トレーシングペーパーに図案を書き、左右反転させるために裏返して布の裏側に図案を写します。（トレーサーでなぞるだけで鉛筆の線が写る）布を切り取ります。

布に図案が写せない場合

4 目の粗い布など、図案をチャコペーパーで写しにくい場合は、ピーシングペーパーに図案を写します。

5 3のアップリケ布をアイロンで接着し、その上に図案を写したピーシングペーパーをアイロンで仮どめします。

6 ピーシングペーパーの上から刺しゅうをします。

7 刺しゅうが終わったら、ピーシングペーパーをはがして破り取ります。

8 ペーパーが残らないように、丁寧に取り除きます。刺しゅうの中にも残らないように。

柄を生かすアップリケの方法／濃い色の布に図案を描く場合

1 布の柄を生かしてアップリケするときは、図案部分を切り抜いた外側の型紙を用意して位置を決めます。決めた位置の裏側に両面接着芯を貼ります。

2 内側の型紙を置き、アイロンで消えるチャコペンで図案を写します。（色の濃い布の場合は白いペンがおすすめ）布をラインに沿ってカットします。

3 アップリケ布の裏の紙をはがし、ベースの布にのせてアイロンで接着します。あいだにオーブンペーパーをはさむと糊がつかず、スムーズに作業できます。

4 アップリケ布の際にバックステッチをします。糸の色は布に合わせます。裁ちっぱなしの布でも、このステッチがあると落ち着きます。

54

リバースアップリケの方法

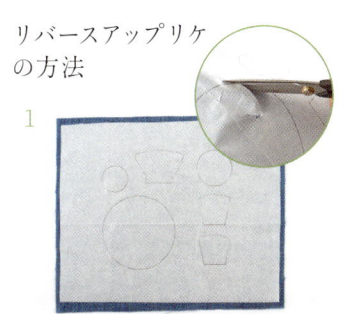

1 上の布の裏側に両面接着芯を貼って左右反転させた図案を写し（トレペに写した図案を裏向きにのせてなぞる）、切り抜きます。

2 下の布の裏側に接着芯を貼り、図案の外枠のみを写します。

3 上の布の両面接着芯の紙をはがします。

4 下の布と図案の位置を合わせて重ね、アイロンで接着します。あいだにオーブンペーパーをはさむとよいでしょう。

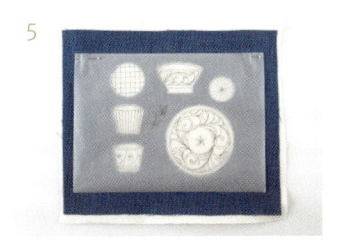

5 2枚が接着された布の上に再び図案をのせて位置を合わせ、まち針でとめます。

6 図案の下にチャコペーパーをはさみ、上に滑りをよくするためのセロハン（包装用のものでOK）を重ねて図案を写し取ります。

7 角枠に布をかぶせ、画びょう等でとめます。

8 アップリケの布端に布の厚みと同じくらいの太さの麻糸（または25番刺しゅう糸3本どり）を沿わせ、25番刺しゅう糸1本でとめます。（コーチング）

形どおりに仕立てる

1 裏に接着芯を貼り、刺しゅうをします。

2 折り代としてまわりを8mmくらい残してカットします。（折り代は多すぎると邪魔になり、少なすぎると折りにくい）

3 カーブの部分に切り込みを入れます。刺しゅう部分をカットしないように注意して、際まで切ります。

4 折り代がカットできました。

5 折り代の裏に1か所ずつ木工用ボンド（速乾）をつけて引っ張るように裏側に折り、貼っていきます。ときどき表から見て確認しながら貼りましょう。

6 フェルトをカットし、裏側にボンドで軽く固定します。

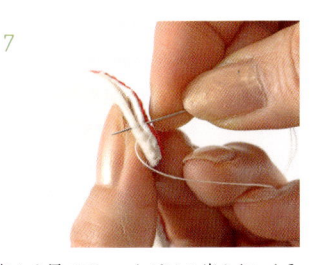

7 表から見てフェルトがはみ出さないように整え、まわりをかがります。（ベージュの縫い糸で巻きかがり）

8 でき上がり。ブローチにする場合は裏側にブローチピンを縫いつけます。

Point Lesson

ドングリの作り方

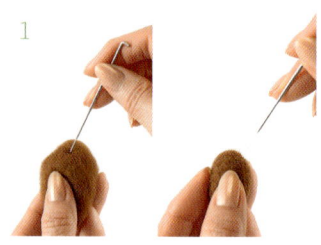

1 羊毛を丸め、専用のニードル（先がギザギザしている）でつついて形を作っていきます。ときどき手のひらで転がしてこすり合わせたりしながら、根気よく針を刺しましょう。

2 編み針につける場合は、ドングリの形ができたら、お尻に編み針を刺して穴をあけておきます。

3 5番刺しゅう糸を穴の反対側から入れ、穴の脇から出して糸端を中に引き込み、穴のまわりにボタンホールステッチを放射状に刺していきます。

4 1周刺したら上の列に移り、円形にぐるぐるとカサを刺します。刺し終わりはいったん穴のほうに出してから途中に針を出し、際でカットします。

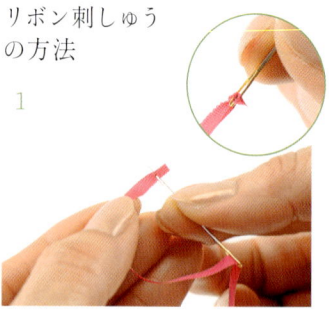

リボン刺しゅうの方法

1 60cmくらいにカットしたリボンを針に通し、端に針を刺して引っ張ります。こうしておくと端が固定され、途中で針からリボンが抜けてしまうことがありません。

2 リボンの端を玉どめして裏から出し、同色の25番刺しゅう糸1本をすぐ脇から出してリボンの中央をぐし縫いします。（ぐし縫いの針目は揃っていなくてもOK）

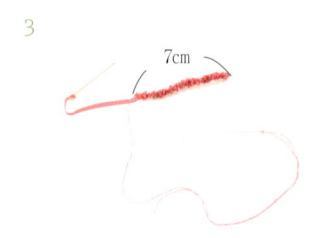

3 ぐし縫いの糸を引き、50cmを7cmくらいに縮めます。

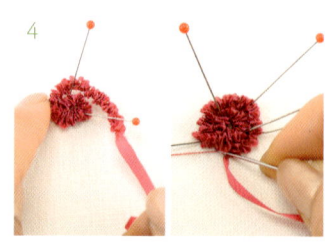

4 リボンのギャザーを調整しながら二重に丸く巻き、裏側に出します。25番刺しゅう糸をいったん裏に出してから表に出し、リボンを縫いとめます。

ハトメを打つ

1 下に木など堅いものを敷いて穴あけ用のポンチを打ちます。うまく穴があかない場合は、先のとがったはさみでカットします。

2 布の下にハトメを入れ、一緒にとめつけたいものがあれば（ここでは革のボタン）穴を合わせて重ねます。

3 上にハトメの座金を重ね、打ち具をのせて打ちつけます。

4 でき上がり。

バックステッチをして額縁仕立て

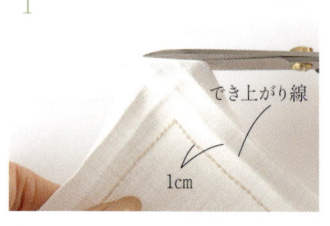

1 布のまわりにバックSをして（ここではでき上がりから1cm内側に）縫い代をアイロンで折り、布の角を切り落とします。

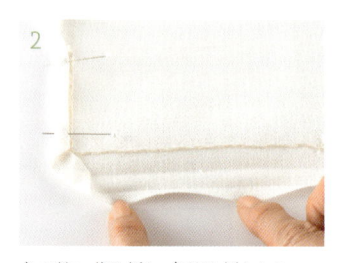

2 角の縫い代を折り、各辺を折ります。

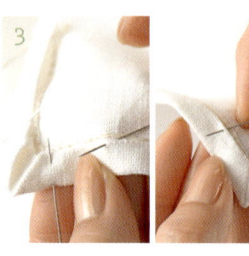

3 まつり縫いをします。角の部分も目立たないように縫い合わせます。

4 でき上がり。バックSがアクセントになります。でき上がり線にステッチしても。（P.32参照）

How to Make
作り方

[この本の決まり]

* 図案は実物大のものと、80%、75%に縮小されているものがあります。
  縮小図案はそれぞれ125%、133%に拡大してお使いください。

* ステッチ名は「○○○S」で省略しています。

* ステッチ名に続く（　）内の数字は、指定以外はDMC刺しゅう糸の色番号です。

* DMC刺しゅう糸以外に、青木和子オリジナルリネン糸、一部にAFE麻糸を使用しています。
  青木和子オリジナルリネン糸は、「リネン糸（色名）」と表示しています。
  糸の入手先は96ページをご参照ください。

* 刺しゅう糸の番手は「#」で表示しています。

* 番手表示がないものは、25番刺しゅう糸を使用しています。
  指定の本数を取り合わせて刺してください。

* 25番刺しゅう糸以外は、基本的に1本どりで使用しています。

* フレンチノットステッチは、巻きの回数と糸の引き加減で大きさが変わります。
  この本では指定以外は1回巻きですが、バランスを見て調節してください。

* 刺しゅうをする布は「*布」として表示し、
  作品の部分に使われている布は「*その他」の中に表示しています。

* 布は、最低必要量を表示していますが、布が小さいと刺しゅうしにくいので、
  大きめに用意して刺しゅうをしてから裁つことをおすすめします。

* 裏が見えるものを除くほとんどの作品は、
  布の裏に中厚の接着芯を貼ってから刺しゅうをしています。

Stitch Catalogue
ステッチの刺し方

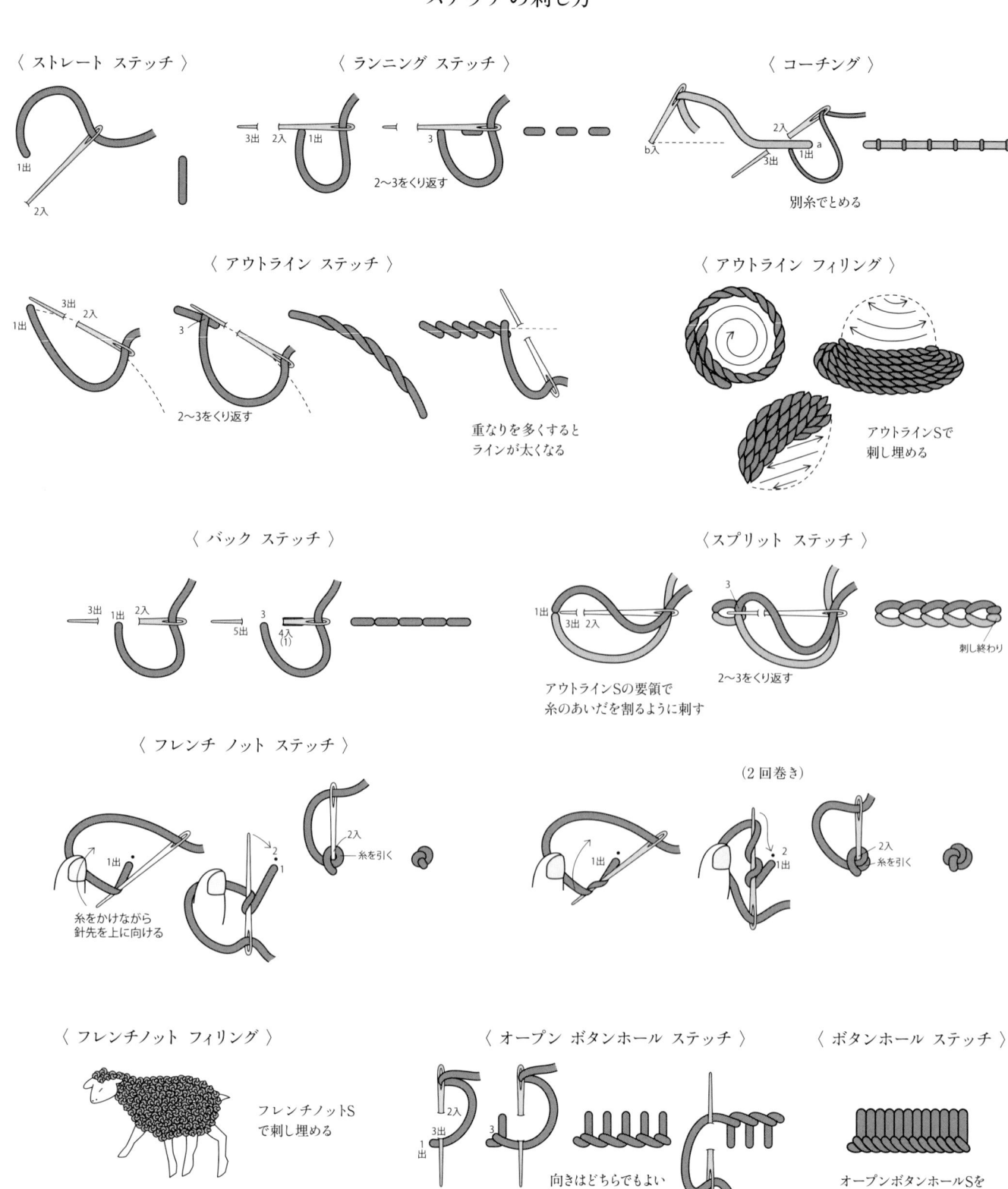

〈 ストレート ステッチ 〉

1出 / 2入

〈 ランニング ステッチ 〉

3出 2入 1出 / 3

2〜3をくり返す

〈 コーチング 〉

2入 / b入 3出 1出 a

別糸でとめる

〈 アウトライン ステッチ 〉

1出 3出 2入 / 3

2〜3をくり返す

重なりを多くすると
ラインが太くなる

〈 アウトライン フィリング 〉

アウトラインSで
刺し埋める

〈 バック ステッチ 〉

3出 1出 2入 / 3 5出 4入(1)

〈 スプリット ステッチ 〉

1出 3出 2入 / 3

刺し終わり

アウトラインSの要領で
糸のあいだを割るように刺す

2〜3をくり返す

〈 フレンチ ノット ステッチ 〉

1出 2 / 2入 糸を引く

糸をかけながら
針先を上に向ける

(2回巻き)

1出 2 / 2入 糸を引く

〈 フレンチノット フィリング 〉

フレンチノットS
で刺し埋める

〈 オープン ボタンホール ステッチ 〉

2入 / 3出 1出 / 3

向きはどちらでもよい

〈 ボタンホール ステッチ 〉

オープンボタンホールSを
詰めて刺す

58

〈 サテン ステッチ 〉　　　　〈 芯入り サテン ステッチ 〉　　　〈 ロング アンド ショート ステッチ 〉

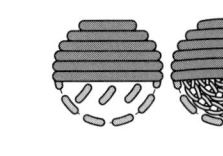

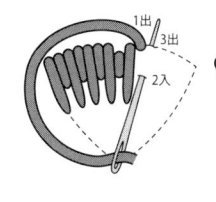

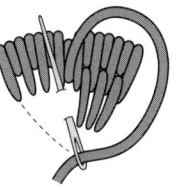

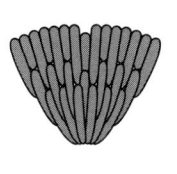

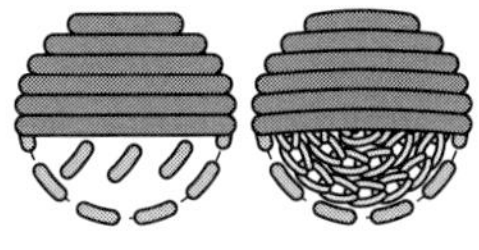

幅の広いところから半分ずつ刺し埋めるとよい　　厚みを出すために、下刺しをしてから刺す　　長短をつけて刺す

〈 チェーン ステッチ 〉　　　〈 レイジー デイジー ステッチ 〉

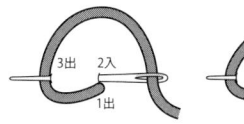

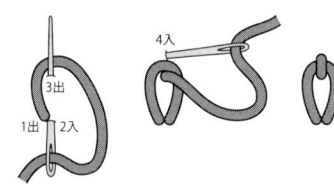

2〜3をくり返す

〈 フライ ステッチ 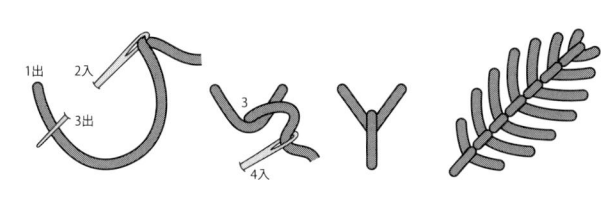 〉　　　〈 スパイダーウェブ ローズ ステッチ 〉

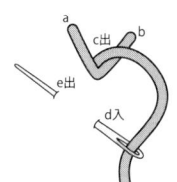

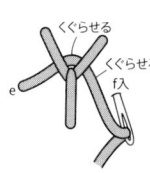

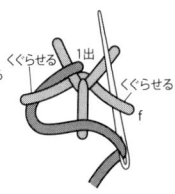

放射状に刺した糸を交互にすくって、糸を巻きつける

〈 ウィービング ステッチ 〉

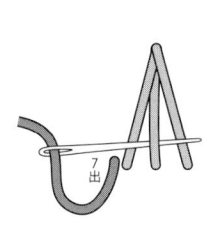

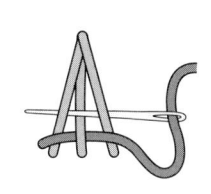

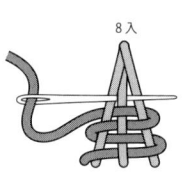

縦糸だけをすくって、左右から交互にくぐらせる

〈 バリオンノット ステッチ 〉　　　〈 クロス ステッチ 〉

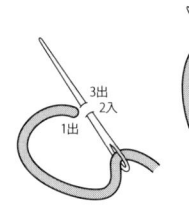

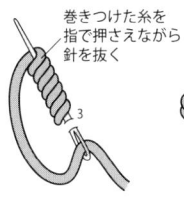

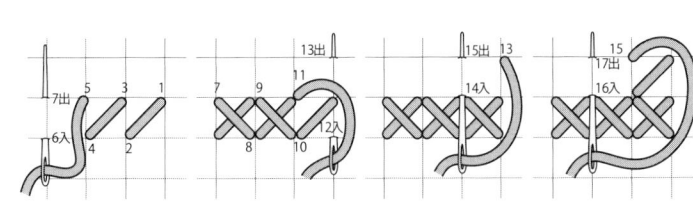

巻きつけた糸を指で押さえながら針を抜く

59

PAGE 7　ワッペン

* 糸／DMC刺しゅう糸　#25（729、435、327、939、3820、3821、3078、822、3822、841、407、844、3772、3348、989、3346、3345、168、169、ECRU）　#8（ECRU）　麻糸（AFE910ベージュ）
* 布／中厚綿サテン布　白　30cm×20cm
* その他／接着芯30cm×20cm　プリント布（またはスタンプした布）5cm×3cm　両面接着芯5cm×3cm
　ブルー、ピンク、黄色の麻布　各6cm×1cm　鉛板1.5cm×1cm　ボンド　アルファベットのスタンプ　布用インクパッド（セピア）
* でき上がりサイズ／図案参照
* 作り方／刺しゅう布の裏側に接着芯を貼り、刺しゅうをします。布のまわりにボンドを塗り、乾いてからカットします。
　ブルー、ピンク、黄色の麻布にスタンプし、片側をとがらせてカットします。（写真参照）

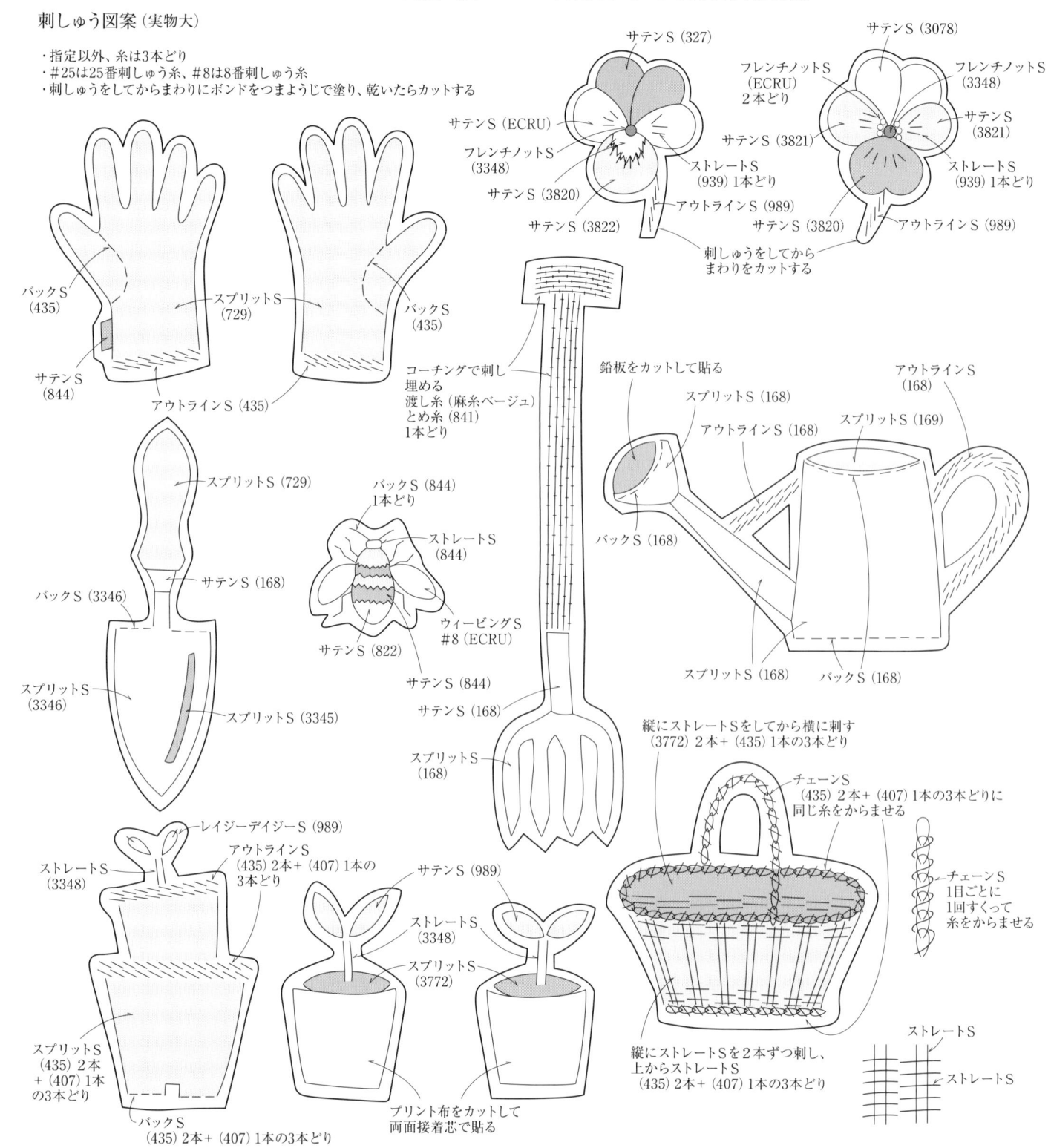

刺しゅう図案（実物大）

・指定以外、糸は3本どり
・#25は25番刺しゅう糸、#8は8番刺しゅう糸
・刺しゅうをしてからまわりにボンドをつまようじで塗り、乾いたらカットする

サテンS（327）
フレンチノットS（ECRU）2本どり
サテンS（ECRU）
フレンチノットS（3348）
サテンS（3820）
ストレートS（939）1本どり
サテンS（3822）
アウトラインS（989）

サテンS（3078）
フレンチノットS（3348）
サテンS（3821）
ストレートS（939）1本どり
サテンS（3820）
アウトラインS（989）
刺しゅうをしてからまわりをカットする

バックS（435）
スプリットS（729）
バックS（435）
サテンS（844）
アウトラインS（435）

スプリットS（729）
サテンS（168）
バックS（3346）
スプリットS（3346）
スプリットS（3345）

バックS（844）1本どり
ストレートS（844）
サテンS（822）
ウィービングS #8（ECRU）
サテンS（844）

コーチングで刺し埋める
渡し糸（麻糸ベージュ）
とめ糸（841）1本どり
サテンS（168）

鉛板をカットして貼る
スプリットS（168）
アウトラインS（168）
バックS（168）
アウトラインS（168）
スプリットS（169）
スプリットS（168）
バックS（168）

レイジーデイジーS（989）
ストレートS（3348）
アウトラインS（435）2本+（407）1本の3本どり
サテンS（989）
ストレートS（3348）
スプリットS（3772）
スプリットS（435）2本+（407）1本の3本どり
バックS（435）2本+（407）1本の3本どり

プリント布をカットして両面接着芯で貼る

縦にストレートSをしてから横に刺す（3772）2本+（435）1本の3本どり
チェーンS（435）2本+（407）1本の3本どりに同じ糸をからませる
チェーンS 1目ごとに1回すくって糸をからませる
縦にストレートSを2本ずつ刺し、上からストレートS（435）2本+（407）1本の3本どり
ストレートS
ストレートS

PAGE 7　種袋

- 糸／DMC刺しゅう糸　#25（3346、3347、320、3894、729、407、3806、3689、794、3838、3865、844、3328）　#5（3347）
  麻糸（AFE208グリーン）
- 布／中厚綿サテン布　白 15cm×30cm
- その他／接着芯 15cm×30cm　ブルーの麻布10cm×10cm　両面接着芯 10cm×10cm
  ムラ染めチュールレース（AFEダークグリーン）10cm×5cm　ボンド
- でき上がりサイズ／図参照
- 作り方／図参照

裁ち方
- 裏側に接着芯を貼る
※用尺より大きな布を用意し、刺しゅうをしてから裁つ

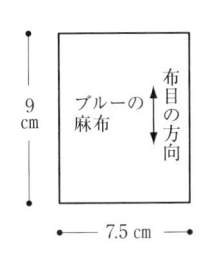

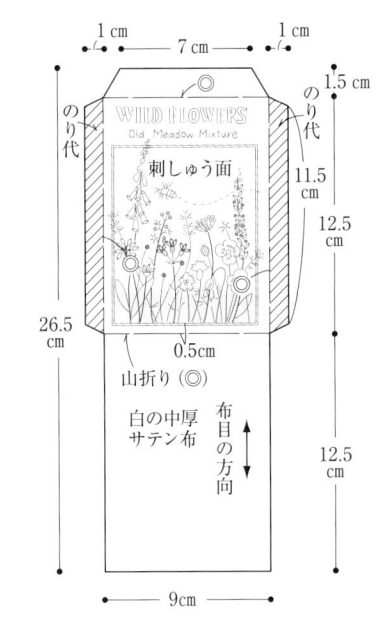

ブルーの麻布　9cm × 7.5cm　布目の方向

白の中厚サテン布　布目の方向
のり代 1cm　7cm　のり代 1cm
1.5cm　11.5cm　12.5cm　0.5cm　12.5cm
26.5cm　9cm
山折り（◎）
刺しゅう面
WILD FLOWERS　Old Meadow Mixture

作り方
① サテン布の裏側に接着芯を貼る
② ブルーの麻布の裏側に両面接着芯を貼り、7.5cm×9cmにカットしてサテン布の指定の位置に貼り、図案を写してチュールをとめつける
③ 刺しゅうをし、サテン布を裁ち方図のようにカットする
④ のり代にボンドをつけ、布を折って仕立てる

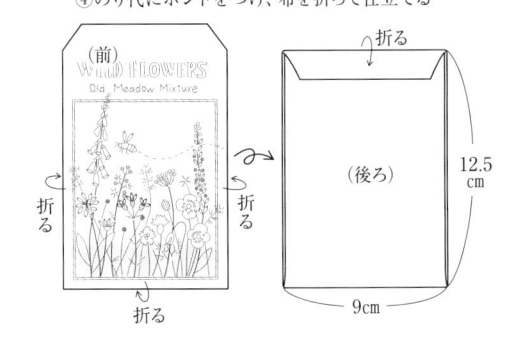

（前）　折る　折る　折る　（後ろ）12.5cm　9cm

刺しゅう図案（実物大）
- 指定以外、2本どり
- #25は25番刺しゅう糸、#5は5番刺しゅう糸

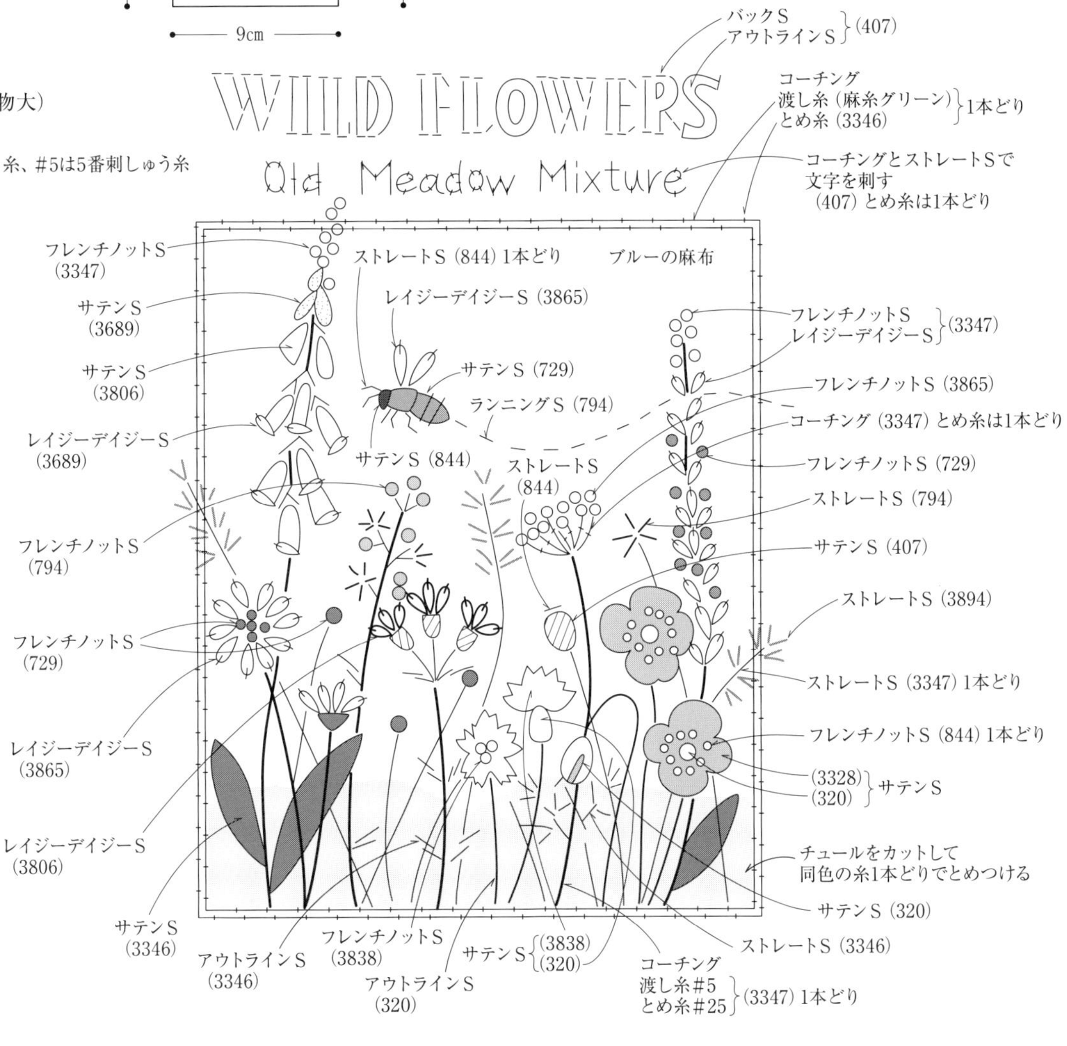

バックS／アウトラインS（407）
コーチング　渡し糸（麻糸グリーン）　とめ糸（3346）1本どり
コーチングとストレートSで文字を刺す（407）とめ糸は1本どり
フレンチノットS（3347）
ストレートS（844）1本どり
レイジーデイジーS（3865）
サテンS（3689）
サテンS（729）
サテンS（3806）
ランニングS（794）
レイジーデイジーS（3689）
サテンS（844）
ストレートS（844）
フレンチノットS／レイジーデイジーS（3347）
フレンチノットS（3865）
コーチング（3347）とめ糸は1本どり
フレンチノットS（729）
ストレートS（794）
サテンS（407）
ストレートS（3894）
ストレートS（3347）1本どり
フレンチノットS（794）
フレンチノットS（729）
レイジーデイジーS（3865）
レイジーデイジーS（3806）
フレンチノットS（844）1本どり
（3328）／（320）サテンS
チュールをカットして同色の糸1本どりでとめつける
サテンS（320）
サテンS（3346）
フレンチノットS（3838）
サテン S（3838）／（320）
アウトラインS（320）
ストレートS（3346）
コーチング　渡し糸#5／とめ糸#25（3347）1本どり
ブルーの麻布

PAGE 6　種袋入れ

* 糸／DMC刺しゅう糸　#25（772、907、3772）
* 布／麻布　グリーン　19cm×44cm
* その他／接着芯　19cm×44cm　木綿布　38cm×23cm　生成りの木綿布　5cm×4cm　両面接着芯　5cm×4cm
  幅0.5cmのベージュの革ひも50cm　面ファスナー　直径1cm　スタンプ　布用インクパッド（セピア）　ピーシングペーパー
* でき上がりサイズ／図参照
* 作り方／表布の裏に接着芯を貼り、刺しゅうをしてから裁ちます。布目が粗くて図案を写しにくい場合は、
  ピーシングペーパーに図案を写して刺しゅうをし、あとから破り取ります（P.54参照）。
  図を参照してバッグに仕立てます。

裁ち方
・表布は裏に接着芯を貼る

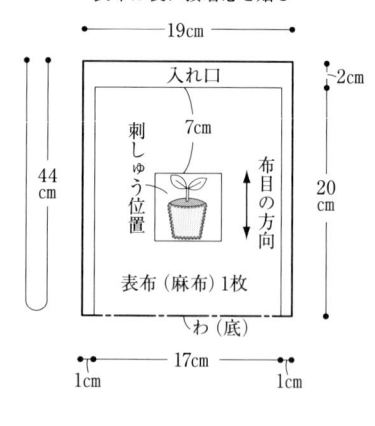

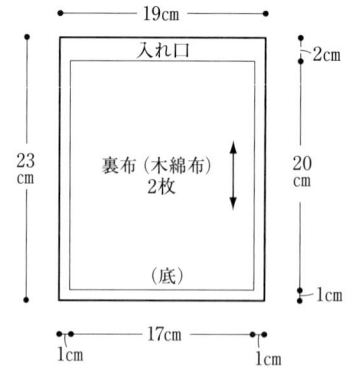

表布（麻布）1枚　19cm×44cm
刺しゅう位置　7cm
入れ口　20cm
わ（底）　17cm

裏布（木綿布）2枚　19cm×23cm
入れ口　20cm
（底）　17cm

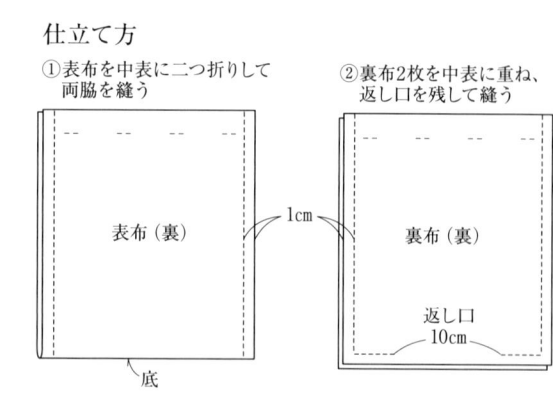

刺しゅう図案（実物大）
・糸はすべて3本どり

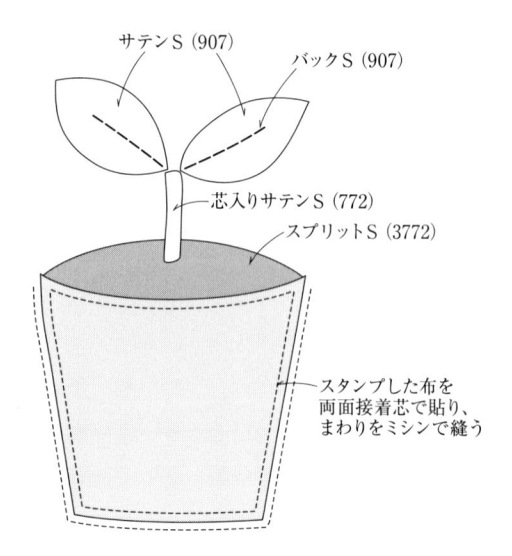

サテンS（907）
バックS（907）
芯入りサテンS（772）
スプリットS（3772）

スタンプした布を両面接着芯で貼り、まわりをミシンで縫う

仕立て方

① 表布を中表に二つ折りして両脇を縫う

② 裏布2枚を中表に重ね、返し口を残して縫う
返し口　10cm

③ 裏布を表に返して表布の中に入れ、中表に重ねて入れ口に25cm×2本にカットした持ち手（革ひも）をはさんでぐるりと縫う
持ち手　3cm　2cm　3cm
表布（裏）
縫い代は割る

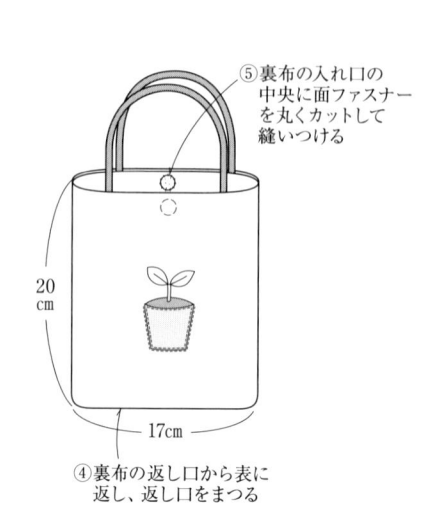

④ 裏布の返し口から表に返し、返し口をまつる

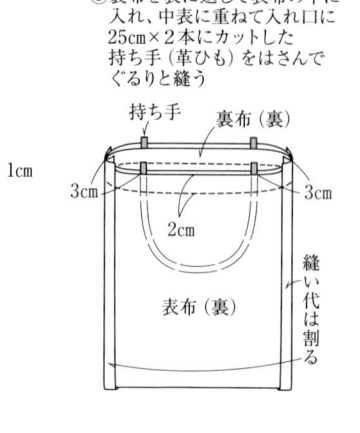

⑤ 裏布の入れ口の中央に面ファスナーを丸くカットして縫いつける
20cm　17cm

PAGE 8　スミレのノート

* 糸／DMC刺しゅう糸　#25（ECRU、368、989、3347、3363、3012、3078、3822、729、3862、168、646、155、3746、3837、327、939、844）　#5（989、3012）
* 布／麻布 白 30cm×21cmを3枚
* その他／厚手接着芯65cm×45cm　紫の麻布 65cm×30cm　幅0.3cmの紫のサテンリボン（MOKUBA No.1541）28cm　ボンド
* でき上がりサイズ／図参照
* 作り方／図参照

裁ち方
・土台1の裏側のでき上がり線の内側に接着芯を貼る

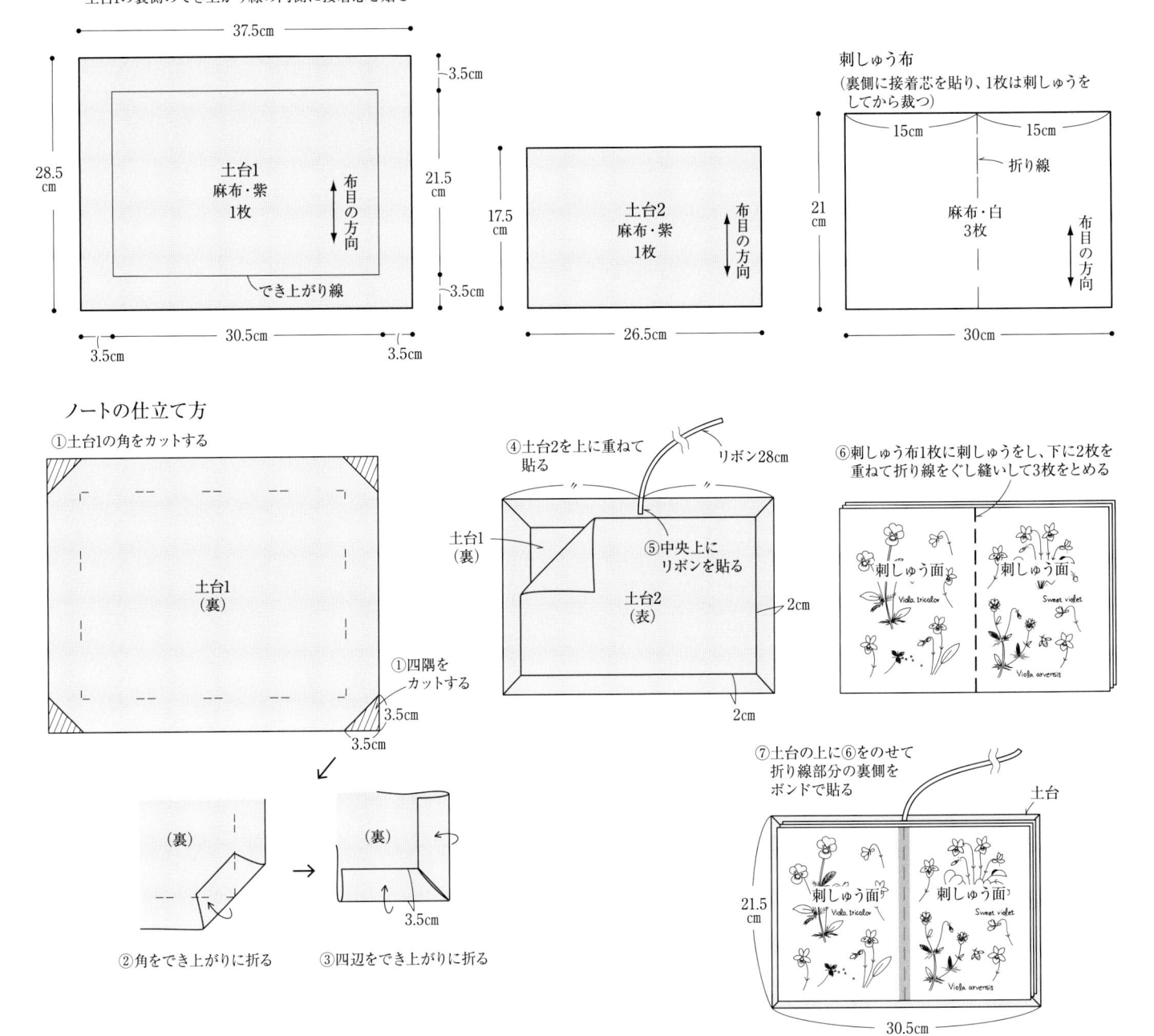

土台1　麻布・紫　1枚　37.5cm × 28.5cm（でき上がり線 30.5cm × 21.5cm、周囲3.5cm）　布目の方向

土台2　麻布・紫　1枚　26.5cm × 17.5cm（周囲3.5cm）　布目の方向

刺しゅう布（裏側に接着芯を貼り、1枚は刺しゅうをしてから裁つ）　麻布・白　3枚　30cm × 21cm（15cm + 15cm 折り線）　布目の方向

ノートの仕立て方
① 土台1の角をカットする
① 四隅をカットする　3.5cm / 3.5cm
② 角をでき上がりに折る
③ 四辺をでき上がりに折る　3.5cm
④ 土台2を上に重ねて貼る
⑤ 中央上にリボンを貼る　リボン28cm　2cm
⑥ 刺しゅう布1枚に刺しゅうをし、下に2枚を重ねて折り線をぐし縫いして3枚をとめる（刺しゅう面 Viola tricolor／刺しゅう面 Sweet violet／Viola arvensis）
⑦ 土台の上に⑥をのせて折り線部分の裏側をボンドで貼る　土台　21.5cm × 30.5cm

刺しゅう図案（実物大）
・指定以外、糸は2本どり
・#25は25番刺しゅう糸、#5は5番刺しゅう糸

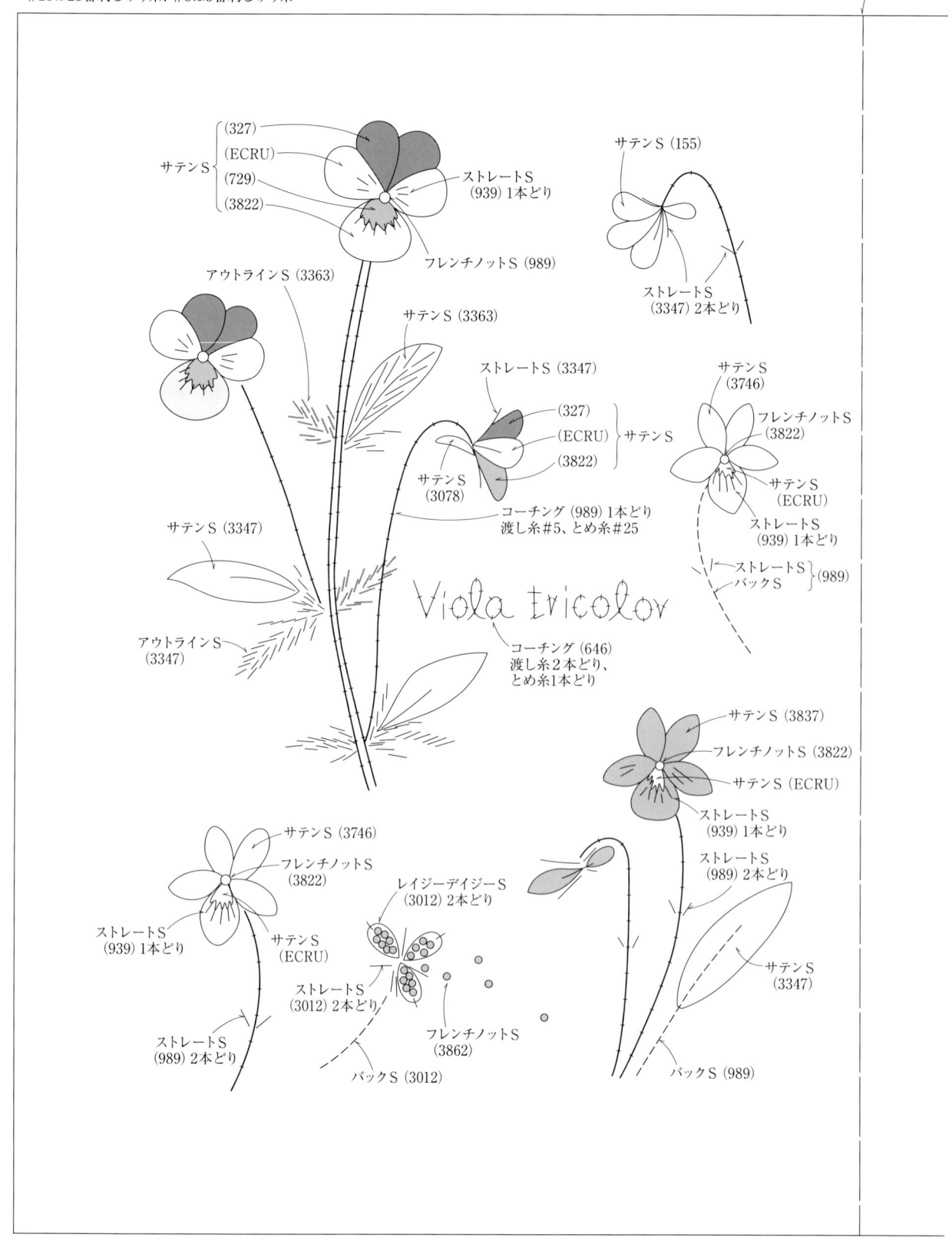

折り線

サテンS {(327) (ECRU) (729) (3822)}
ストレートS (939) 1本どり
フレンチノットS (989)
サテンS (155)
ストレートS (3347) 2本どり
アウトラインS (3363)
サテンS (3363)
ストレートS (3347)
サテンS {(327) (ECRU) (3822)}
サテンS (3078)
コーチング (989) 1本どり
渡し糸#5、とめ糸#25
サテンS (3746)
フレンチノットS (3822)
サテンS (ECRU)
ストレートS (939) 1本どり
ストレートS / バックS } (989)
サテンS (3347)
アウトラインS (3347)

Viola tricolor

コーチング (646)
渡し糸2本どり、
とめ糸1本どり

サテンS (3837)
フレンチノットS (3822)
サテンS (ECRU)
ストレートS (939) 1本どり
ストレートS (989) 2本どり
サテンS (3347)
バックS (989)

サテンS (3746)
フレンチノットS (3822)
ストレートS (939) 1本どり
サテンS (ECRU)
レイジーデイジーS (3012) 2本どり
ストレートS (3012) 2本どり
フレンチノットS (3862)
ストレートS (989) 2本どり
バックS (3012)

折り線

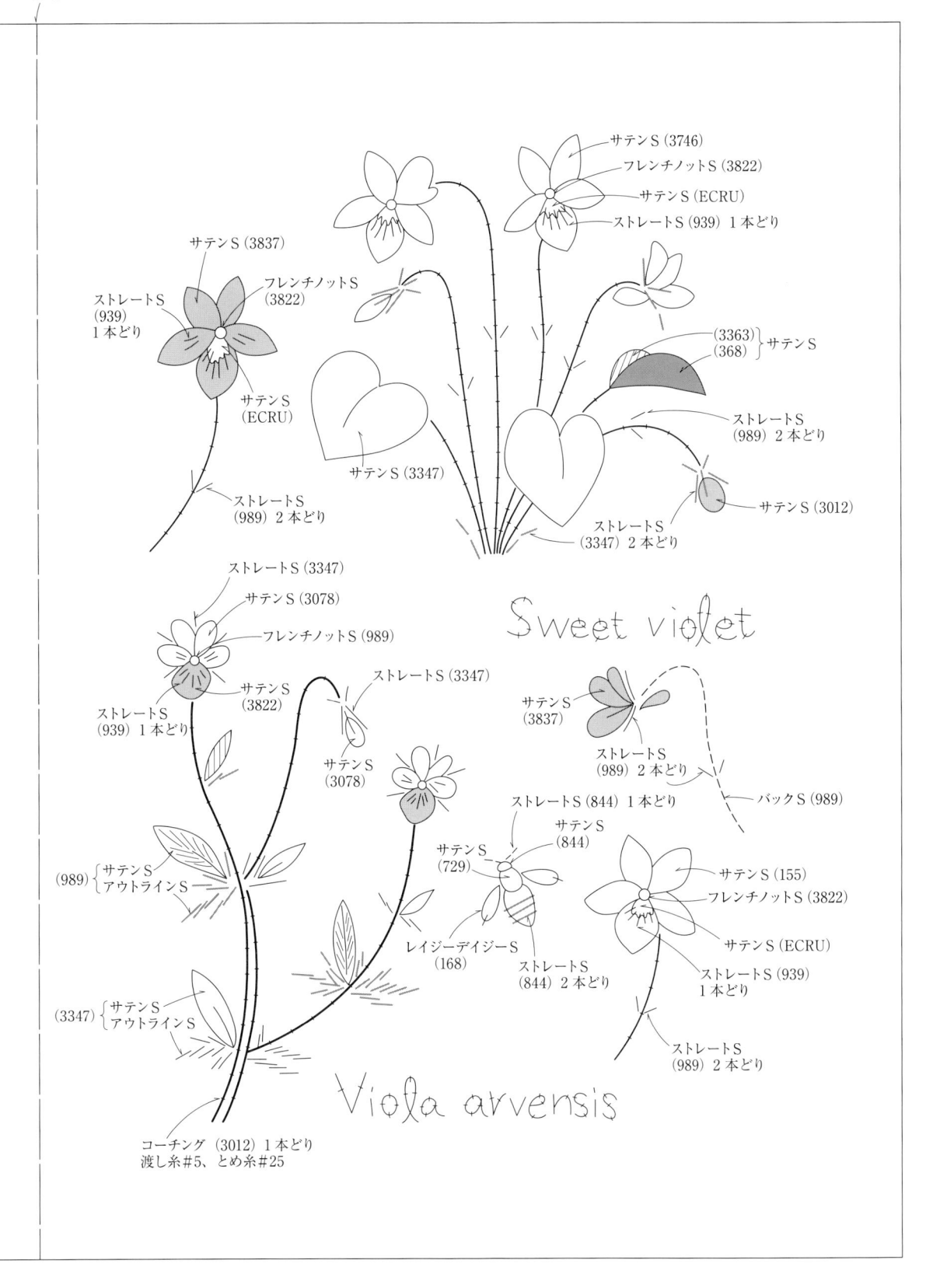

サテンS (3746)
フレンチノットS (3822)
サテンS (ECRU)
ストレートS (939) 1本どり

サテンS (3837)
ストレートS (939) 1本どり
フレンチノットS (3822)
サテンS (ECRU)

(3363) } サテンS
(368)

ストレートS (989) 2本どり

サテンS (3347)

ストレートS (989) 2本どり

サテンS (3012)

ストレートS (3347) 2本どり

Sweet violet

ストレートS (3347)
サテンS (3078)
フレンチノットS (989)
サテンS (3822)
ストレートS (939) 1本どり

ストレートS (3347)
サテンS (3078)

サテンS (3837)
ストレートS (989) 2本どり
バックS (989)

ストレートS (844) 1本どり
サテンS (844)
サテンS (729)
レイジーデイジーS (168)
ストレートS (844) 2本どり

サテンS (155)
フレンチノットS (3822)
サテンS (ECRU)
ストレートS (939) 1本どり

(989) { サテンS
       アウトラインS

(3347) { サテンS
        アウトラインS

ストレートS (989) 2本どり

Viola arvensis

コーチング (3012) 1本どり
渡し糸#5、とめ糸#25

65

PAGE 10　コラージュボード

* 糸／DMC刺しゅう糸　#25 (368、3347、3346、151、3354、760、3805、3865、168、414、844、3821、729、3064、434、931、3816、3894、4190)　#5 (3347)
  MOKUBA刺しゅう用リボンNo.1540 幅3.5mm (029)
* 布／麻布 ベージュ 35cm×40cm
* その他／接着芯 35cm×55cm　厚さ5mmのスチレンボード 25cm×30cm
  グリーンのオーガンジー 7cm×3cm　白とブルーのストライプ木綿布7cm×11cm
  ブルーグレーの麻布7cm×9.5cm　白の麻布7cm×7cm　水玉の木綿布5cm×5cm
  白の木綿布4cm×4cm　両面接着芯4cm×4cm　グレーの木綿布8cm×5cm
  白の厚紙3cm×2cm　透明糸　ボンド　製本用テープ
* でき上がりサイズ／25cm×30cm
* 作り方／刺しゅう布の裏側に接着芯を貼ります。オーガンジーの布を貼り、刺しゅうをします。
  モチーフの布にもそれぞれ裏側に接着芯を貼り、
  刺しゅうをしてでき上がりに布をカットします。
  本体の刺しゅう布にモチーフをボンドで貼ります。
  厚紙に刺しゅう糸を巻きつけ、本体の刺しゅう布にボンドで貼ります。
  刺しゅう布を折ってスチレンボードをくるみ、裏側を製本用テープでとめます。

PAGE 11　バラのカード

* 糸／DMC刺しゅう糸　[a：左] #25 (4210、3363)
  [b：右] #25 (4210、3347、3346)、#5 (3347)
* 布／[a] プリント木綿布 7cm×7cm　[b] 水玉の木綿布 5cm×5cm
* その他／ボンド　[a] 接着芯7cm×7cm　[b] 接着芯5cm×5cm
  [a] アイボリーのケント紙、[b] グレーのケント紙　各21cm×15cm
  [b] 使用済みの切手、プリント布、紙など
* でき上がりサイズ／10.5cm×15cm
* 作り方／刺しゅう布の裏側に接着芯を貼り、
  刺しゅうをしてでき上がりにカットします。ケント紙を二つ折りにします。
  [a] はケント紙の片側に6cm角の窓をあけ、
  窓の内側に刺しゅうした布をボンドで貼ります。
  [b] は使用済みの切手やプリント布、紙などを組み合わせて
  刺しゅうした布をボンドで貼ります。

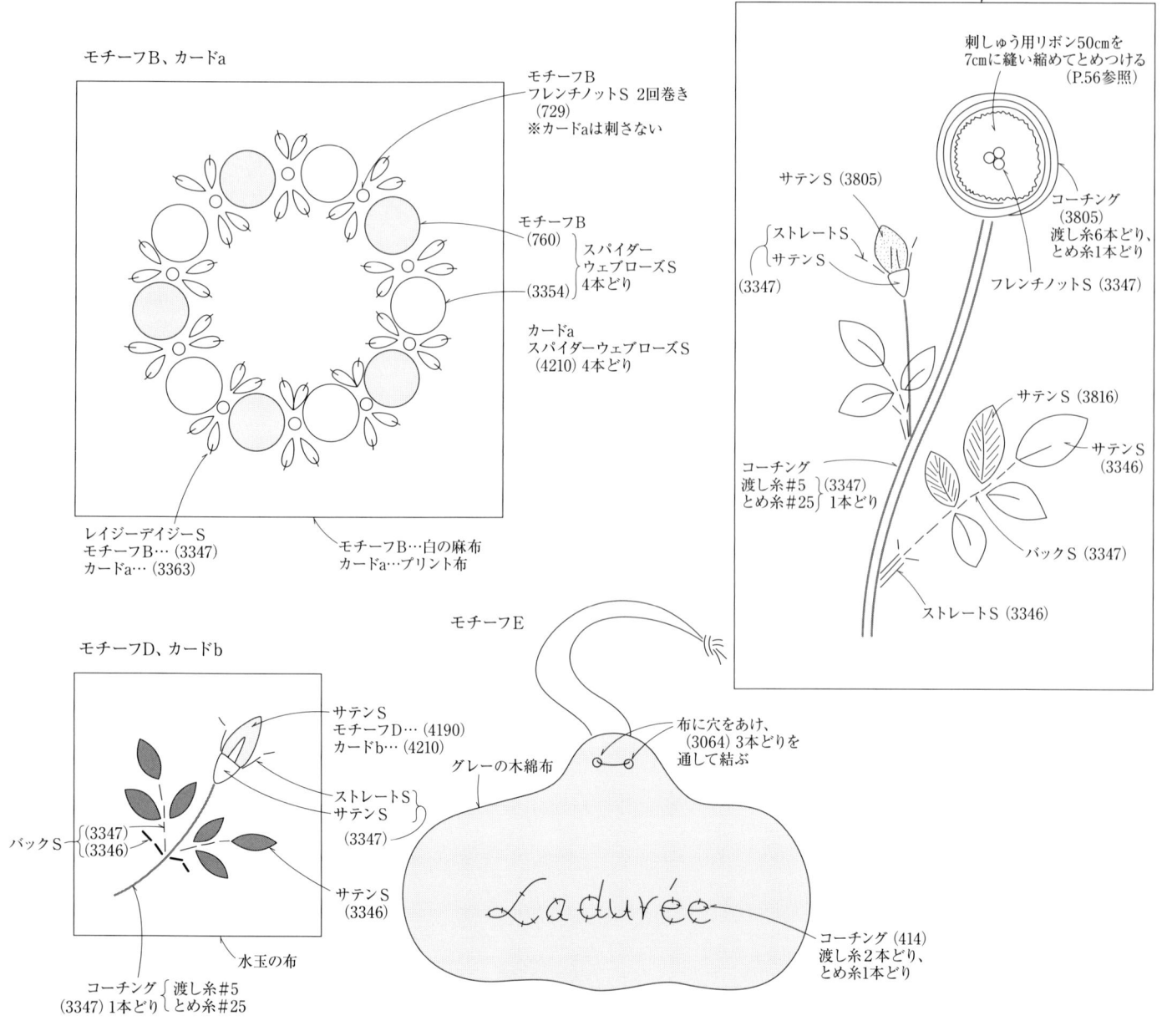

モチーフB、カードa

モチーフB
フレンチノットS 2回巻き
(729)
※カードaは刺さない

モチーフB
(760)
スパイダーウェブローズS
(3354) 4本どり

カードa
スパイダーウェブローズS
(4210) 4本どり

レイジーデイジーS
モチーフB… (3347)
カードa… (3363)

モチーフB…白の麻布
カードa…プリント布

モチーフC　　ストライプ布

刺しゅう用リボン50cmを
7cmに縫い縮めてとめつける
(P.56参照)

サテンS (3805)
ストレートS
サテンS
(3347)

コーチング (3805)
渡し糸6本どり、
とめ糸1本どり

フレンチノットS (3347)

コーチング
渡し糸#5 (3347)
とめ糸#25　1本どり

サテンS (3816)
サテンS (3346)
バックS (3347)
ストレートS (3346)

モチーフD、カードb

サテンS
モチーフD… (4190)
カードb… (4210)

ストレートS
サテンS
(3347)

バックS
(3347)
(3346)

サテンS
(3346)

コーチング 渡し糸#5
(3347) 1本どり　とめ糸#25

水玉の布

モチーフE

グレーの木綿布

布に穴をあけ、
(3064) 3本どりを
通して結ぶ

Ladurée

コーチング (414)
渡し糸2本どり、
とめ糸1本どり

67

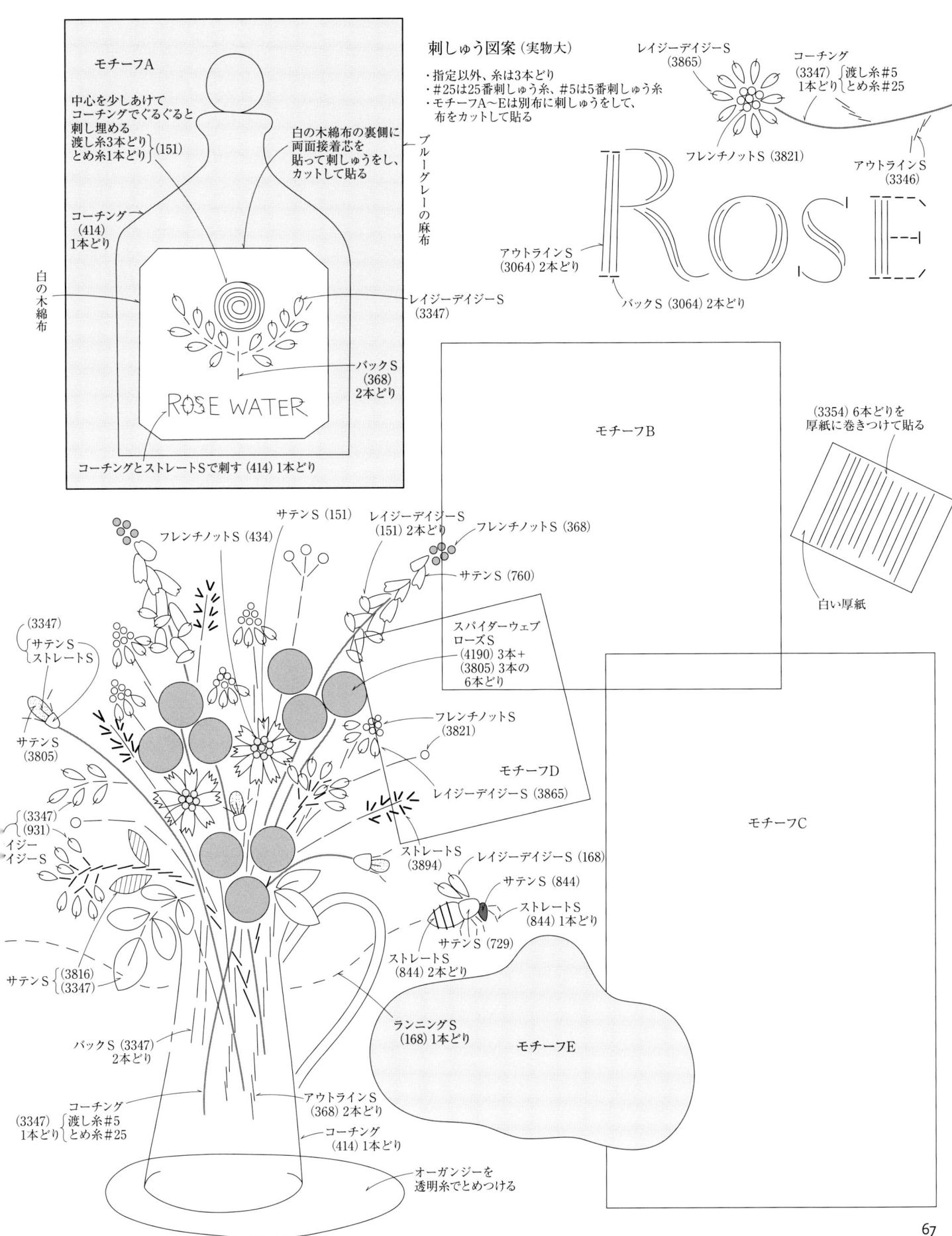

PAGE 12　アリウムの咲く庭

- 糸／DMC刺しゅう糸　#25 (ECRU、937、368、988、907、3894、989、3822、729、3862、844、168、554、156、761、760、3805、3607、3328)
  #5 (989、988、368)　青木和子オリジナルリネン糸 (ステムグリーン)
  麻糸 (AFEオリジナルグリーン、オリジナルパープル／またはDMC#25の988、554の3本どり)
- 布／麻布　白　48cm×40cm
- その他／接着芯　48cm×40cm　厚さ5mmのスチレンボード　38cm×30cm
  ムラ染めチュールレース (AFEダークグリーン) 30cm×10cm
  ワイヤー (番線) 40cm　透明糸　製本用テープ
- でき上がりサイズ／38cm×30cm
- 作り方／刺しゅう布の裏側に接着芯を貼ります。チュールとワイヤーを透明糸でとめつけ、刺しゅうをします。布を折ってスチレンボードをくるみ、裏側を製本用テープでとめます。

刺しゅう図案 (実物大)
・指定以外、糸は2本どり
・#25は25番刺しゅう糸、#5は5番刺しゅう糸

ワイヤーを曲げ透明糸でとめる

フレンチノットS
リネン糸 (ステムグリーン)
1本どり

コーチング
麻糸 (グリーン)
1本どり

レイジーデイジー (3607)

ストレートS
麻糸 (グリーン)
1本どり

フレンチノットS
(156)

コーチング
麻糸 (グリーン) 1本どり
コーチング　ストレートS

フレンチノットS
(988)

ストレートS (156)

サテンS (368)

コーチング (368)
渡し糸2本どり、とめ糸1本どり

ストレートS (554)

レイジーデイジーS
(368)

レイジーデイジーS
(156)

ストレートS (156)

コーチング (989) 1本どり

フレンチノットS (3822)

コーチング
麻糸 (グリーン)
1本どり

レイジーデイジーS　バックS
(988)

フレンチノットS 2回巻き
(3822)

レイジーデイジーS　バックS
3本どり
(3894)

ストレートS (907) 1本どり
または2本どりでランダムに刺す

ストレートS
麻糸 (グリーン) 1本どり
でランダムに刺す

チュールをカットして透明糸で縫いつける

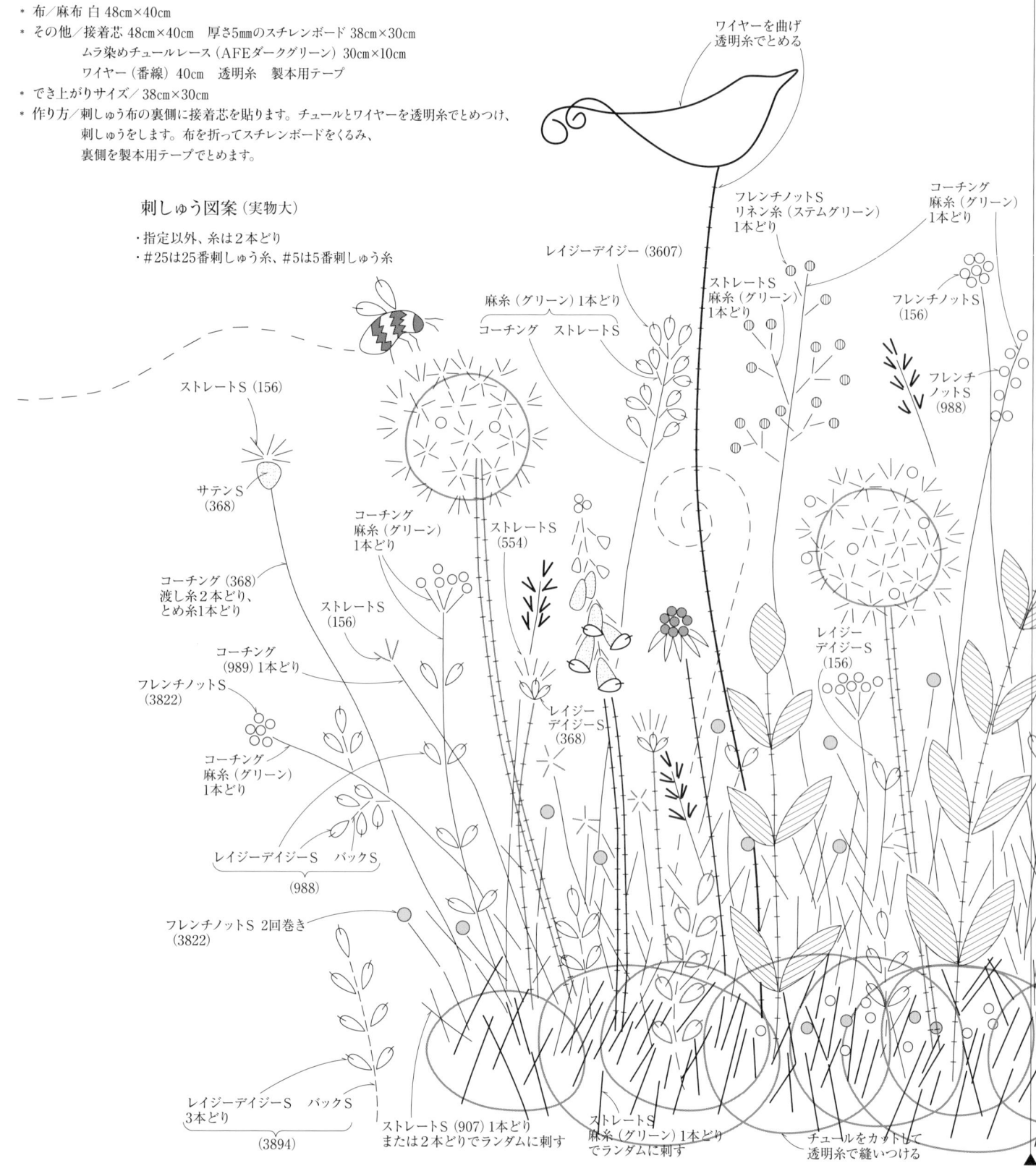

合印▼

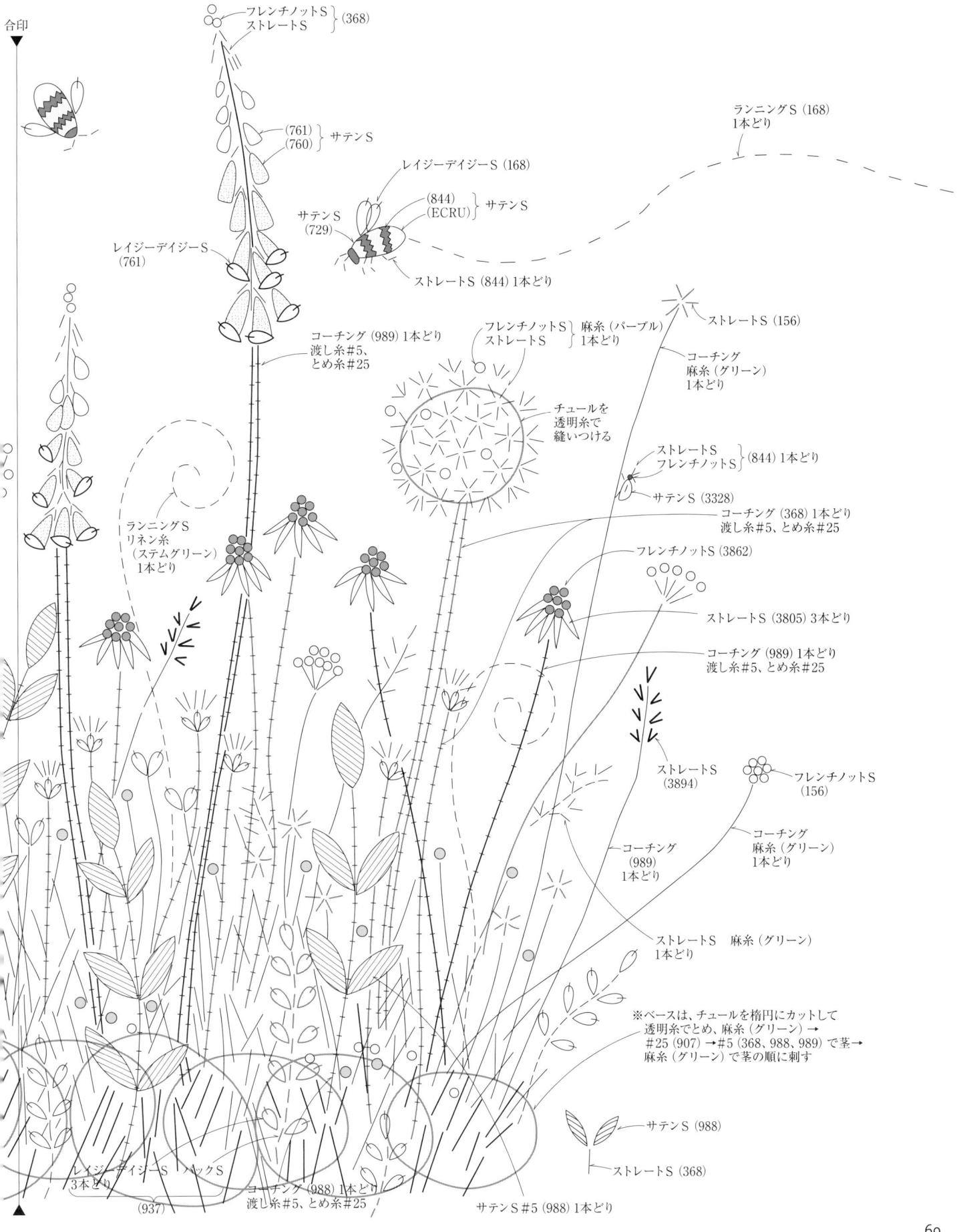

フレンチノットS
ストレートS } (368)

(761)
(760) } サテンS

ランニングS (168)
1本どり

レイジーデイジーS (168)

サテンS
(729)

(844)
(ECRU) } サテンS

レイジーデイジーS
(761)

ストレートS (844) 1本どり

コーチング (989) 1本どり
渡し糸#5、とめ糸#25

フレンチノットS
ストレートS } 麻糸 (パープル)
1本どり

ストレートS (156)

コーチング
麻糸 (グリーン)
1本どり

チュールを
透明糸で
縫いつける

ストレートS
フレンチノットS } (844) 1本どり

サテンS (3328)

ランニングS
リネン糸
(ステムグリーン)
1本どり

コーチング (368) 1本どり
渡し糸#5、とめ糸#25

フレンチノットS (3862)

ストレートS (3805) 3本どり

コーチング (989) 1本どり
渡し糸#5、とめ糸#25

ストレートS
(3894)

フレンチノットS
(156)

コーチング
麻糸 (グリーン)
1本どり

ストレートS 麻糸 (グリーン)
1本どり

※ベースは、チュールを楕円にカットして
透明糸でとめ、麻糸 (グリーン) →
#25 (907) →#5 (368、988、989) で茎→
麻糸 (グリーン) で茎の順に刺す

サテンS (988)

ストレートS (368)

レイジーデイジーS バックS
3本どり
(937)

コーチング (988) 1本どり
渡し糸#5、とめ糸#25

サテンS #5 (988) 1本どり

69

PAGE 14　小枝のサンプラー

* 糸／DMC刺しゅう糸　#25（989、4050、794、435、645、612）
　麻糸（ベージュ／またはAFE910）
* 布／麻布　白 55cm×43cm
* その他／接着芯55cm×43cm　寒冷紗20cm×12cm
　プリント布3.5cm×2cm　アクリル絵の具（白・ベージュ）
　厚さ5mmのスチレンボード45cm×33cm　製本用テープ

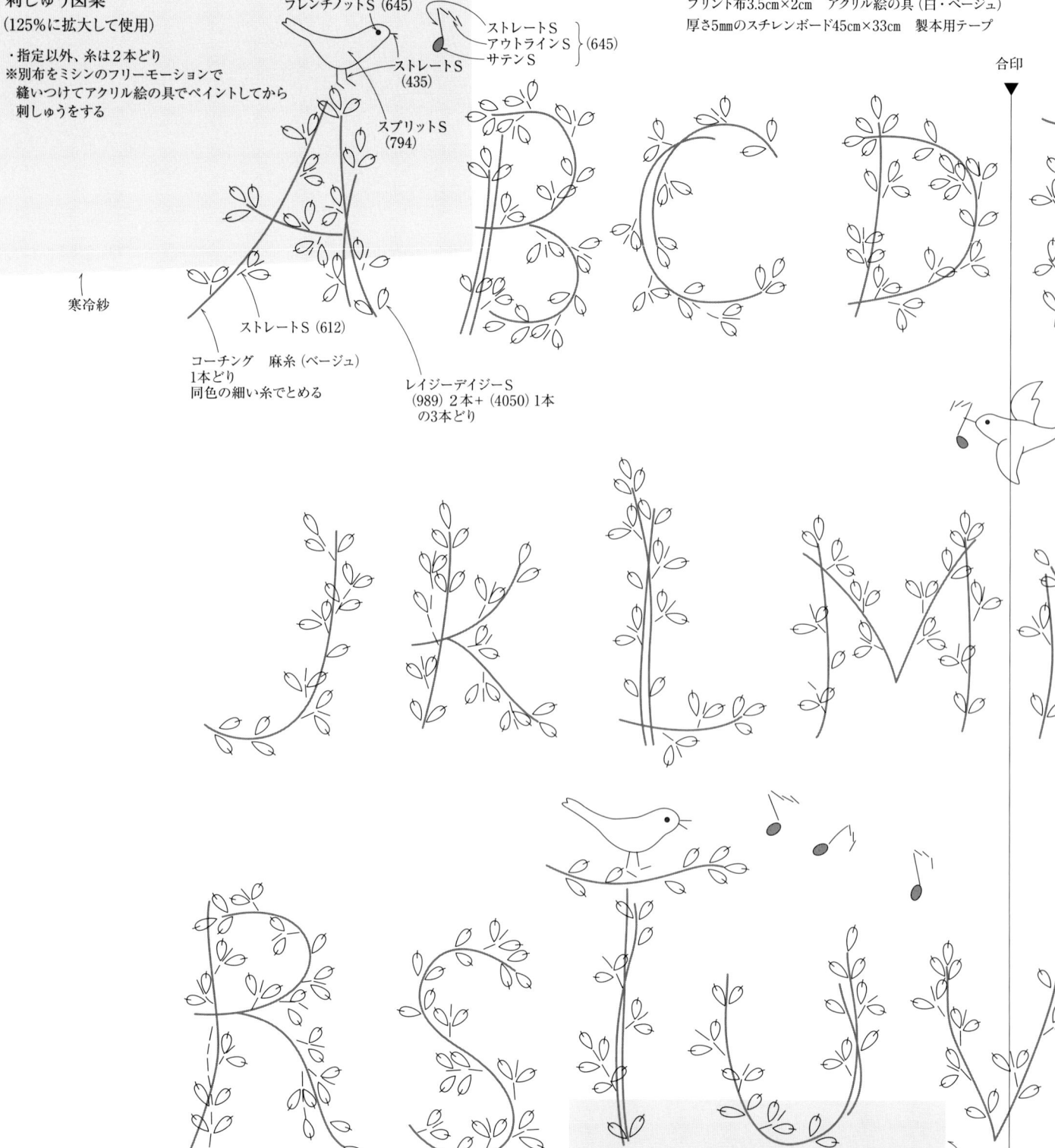

刺しゅう図案
（125%に拡大して使用）
・指定以外、糸は2本どり
※別布をミシンのフリーモーションで
　縫いつけてアクリル絵の具でペイントしてから
　刺しゅうをする

フレンチノットS (645)
ストレートS
アウトラインS　(645)
サテンS
ストレートS (435)
スプリットS (794)
ストレートS (612)
コーチング　麻糸（ベージュ）
1本どり
同色の細い糸でとめる
レイジーデイジーS
(989) 2本＋(4050) 1本
の3本どり
寒冷紗
合印

* でき上がりサイズ／45cm×33cm
* 作り方／刺しゅう布の裏側に接着芯を貼ります。
  プリント布と寒冷紗をミシンのフリーモーションで縫いつけ、アクリル絵の具（白にベージュを少し混ぜる）をペイントします。
  刺しゅうをし、布を折ってスチレンボードをくるみ、裏側を製本用テープでとめます。

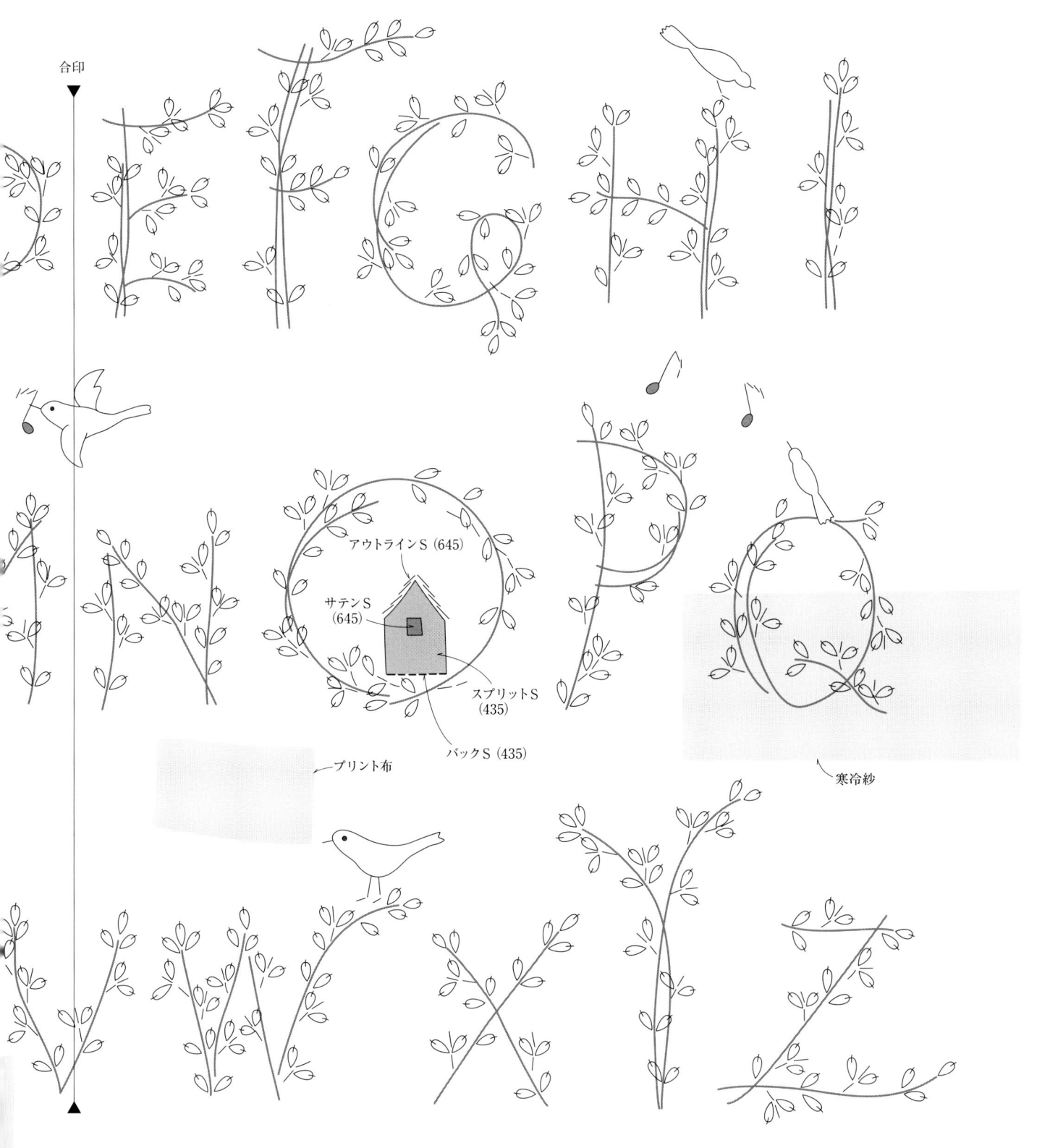

合印

アウトラインS (645)
サテンS (645)
スプリットS (435)
バックS (435)
プリント布
寒冷紗

PAGE 17 ストリングスジャー

* 糸／DMC刺しゅう糸 #25（ECRU、729、844）
* 布／麻布 ベージュ 15cm×15cm
* その他／接着芯15cm×15cm 直径8cmの刺しゅう枠 直径1cmのハトメ
  アルファベットのスタンプ 布用インクパッド（セピア）
  ガラスのキャニスター（口径7.5cm）
* でき上がりサイズ／8cm×8cm
* 作り方／刺しゅう布の裏側に接着芯を貼ります。
  スタンプを押し、キャニスターに合う刺しゅう枠にはめて刺しゅうをし、中央にハトメを打ちます（P.56参照）。
  刺しゅう枠にはめ直し、余分な布をカットします。

PAGE 16 ハチのサンプラー

* 糸／DMC刺しゅう糸 #25（ECRU、368、822、677、729、168、341、156、340、320、844）
  #8（ECRU、644） #5（368）
* 布／麻布 白 41cm×33cm
* その他／接着芯41cm×33cm 厚さ5mmのスチレンボード31cm×23cm 製本用テープ
* でき上がりサイズ／31cm×23cm
* 作り方／刺しゅう布の裏側に接着芯を貼ります。
  刺しゅうをし、布を折ってスチレンボードをくるみ、裏側を製本用テープでとめます。

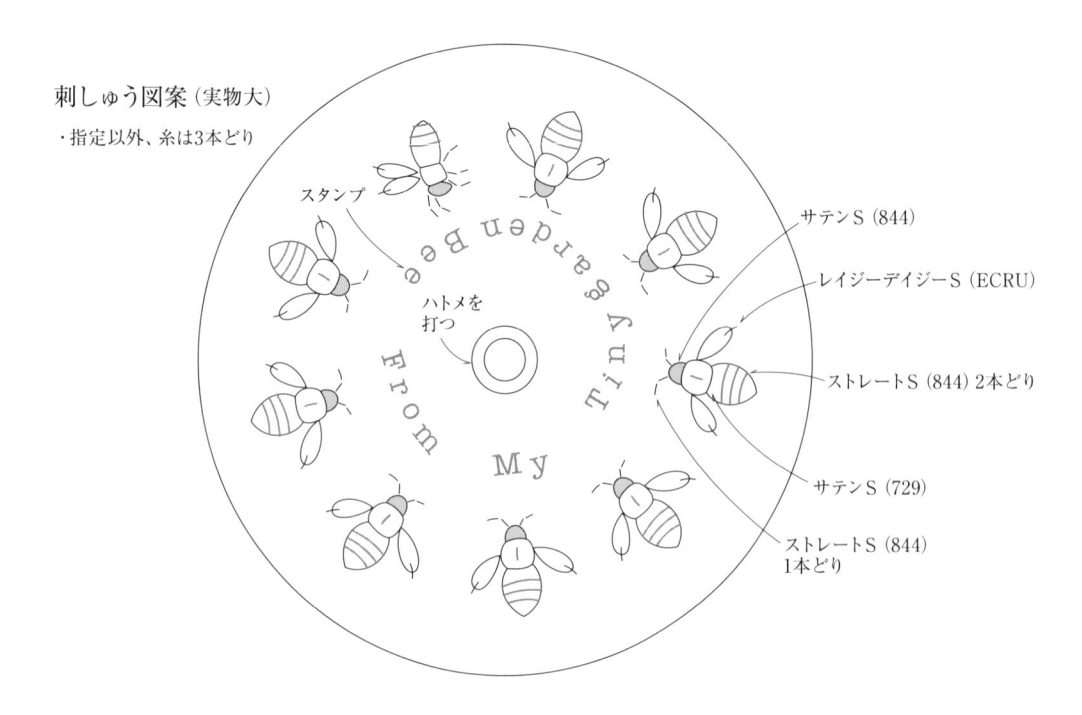

刺しゅう図案（実物大）
・指定以外、糸は3本どり

スタンプ
ハトメを打つ
サテンS（844）
レイジーデイジーS（ECRU）
ストレートS（844）2本どり
サテンS（729）
ストレートS（844）1本どり

PAGE 37 ブレッドクロス

* 糸／DMC刺しゅう糸 #25（347）
* 布／麻布のキッチンクロス（市販）
* その他／ピーシングペーパー
* でき上がりサイズ／刺しゅう部分4cm×7.5cm
* 作り方／キッチンクロスに図案を写したピーシングペーパーを貼り（P.54参照）、裏側で玉どめしないように刺しゅうをします。
  刺し終わったらピーシングペーパーを取り除きます。

刺しゅう図案（実物大）
・糸はすべて（347）

ストレートS　1本どり
サテンS　4本どり
バックS　3本どり

Garden Bees

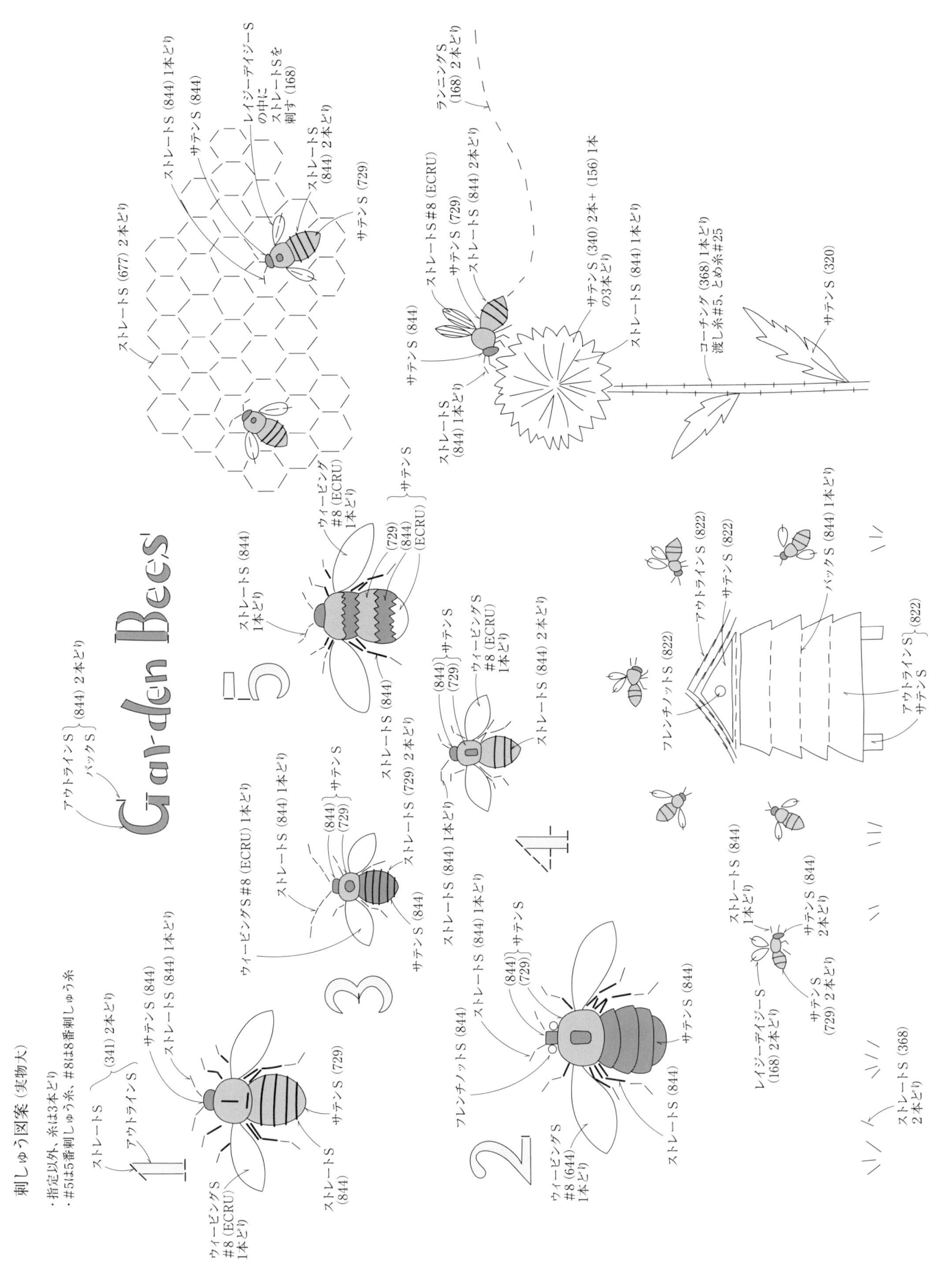

刺しゅう図案 (実物大)

- 指定以外、糸は3本どり
- #5は5番刺しゅう糸、#8は8番刺しゅう糸

PAGE 18　春の庭のドイリー

* 糸／DMC刺しゅう糸　#25（ECRU、368、989、320、472、3078、3821、157、3839、155、554、3781、939）
* 布／麻布　白　27cm×27cm
* でき上がりサイズ／図参照
* 作り方／刺しゅうをしてから布を裁ち、まわりを額縁仕立てにします。

裁ち方、仕立て方

- 27cm × 27cm
- 1.5cm / 0.8cm
- 麻布1枚　中心
- でき上がり線　0.8cm
- 布目の方向
- 24cm × 24cm

① 刺しゅうをする
② でき上がり線から0.8cm内側にバックS（ECRU）3本どり
③ 布を裁つ
④ でき上がりに折り、縫い代を三つ折りして角は額縁仕立て（P.77参照）にして裏側でまつる

（表）　24cm × 24cm　0.8cm

刺しゅう図案（125%に拡大して使用）
・指定以外、糸は3本どり

- サテンS（3078）
- フレンチノットS（3821）
- バックS
- レイジーデイジーS（989）
- スプリットS（320）中心に向かって刺す
- バックS（989）
- サテンS（157）
- ストレートS（3078）2本どり
- スプリットS（155）
- アウトラインS（989）
- 中心
- サテンS（3839）
- サテンS（368）を刺したらその上にフライS（3781）2本どりを刺す
- （ECRU）（3078）（3821）サテンS
- フレンチノットS（368）
- アウトラインS（989）
- ストレートS（939）1本どり
- フライS（989）
- ストレートS（554）
- フレンチノットS（3821）
- サテンS（989）
- アウトラインS（368）2本どり
- アウトラインS（320）
- サテンS（155）
- フレンチノットS（ECRU）2本どり
- アウトラインS（368）
- フレンチノットS（3078）2本どり
- ストレートS（320）
- レイジーデイジーS
- ストレートS（472）4本どり
- サテンS（3821）
- フレンチノットS（368）
- ストレートS（939）1本どり

PAGE 19　スミレの封筒

* 糸／DMC刺しゅう糸　#25（ECRU、989、3348、3822、3820、729、327、168、939、644、844）　#5（989）
* 布／麻布　白　31cm×26cm
* その他／接着芯31cm×26cm　プリント布7.5cm×2.5cm　寒冷紗6cm×5cm　ラベル　ボンド
　　　　　アクリル絵の具（白・ベージュ）
* でき上がりサイズ／図参照
* 作り方／刺しゅう布の裏側に接着芯を貼ります。プリント布と寒冷紗をミシンのフリーモーションで縫いつけ、
　　　　　アクリル絵の具（白にベージュを少し混ぜる）をペイントします。刺しゅうをし、裁ち方図を参照してカットします。
　　　　　図のように折り、ボンドで貼ります。

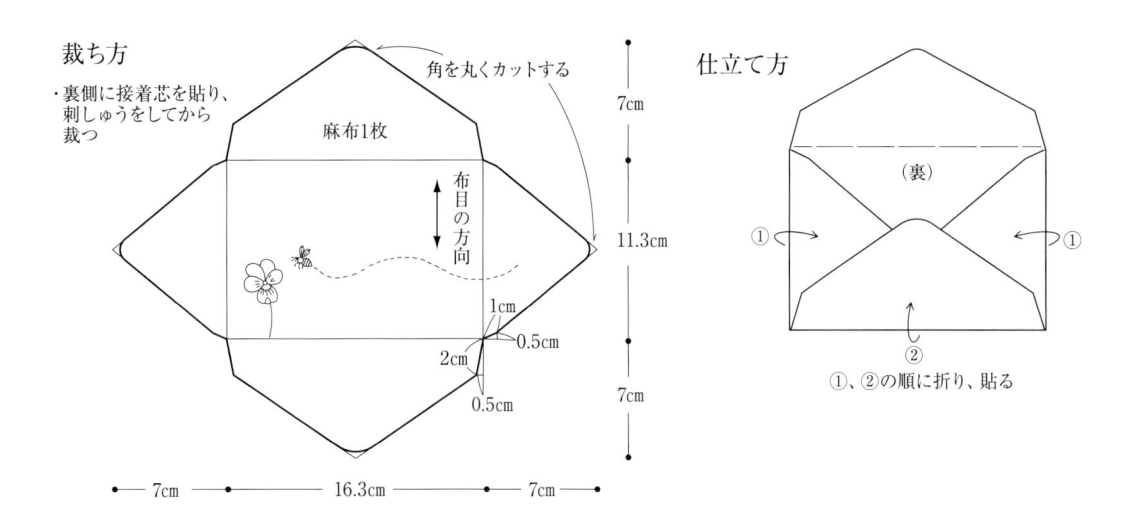

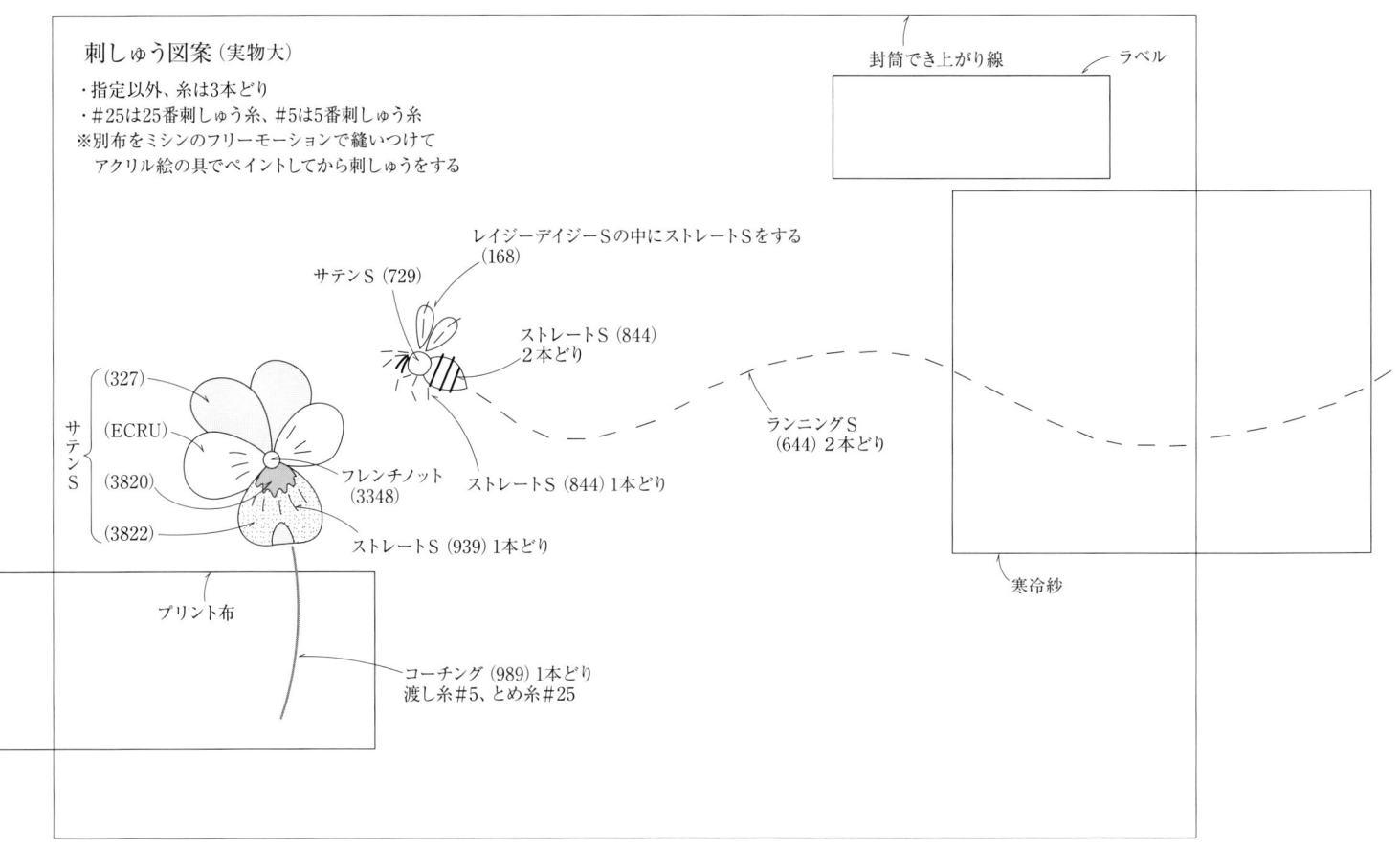

裁ち方
・裏側に接着芯を貼り、刺しゅうをしてから裁つ

麻布1枚
角を丸くカットする
布目の方向
7cm
11.3cm
7cm
1cm
0.5cm
2cm
0.5cm
7cm　16.3cm　7cm

仕立て方
（裏）
①　①
②
①、②の順に折り、貼る

刺しゅう図案（実物大）
・指定以外、糸は3本どり
・#25は25番刺しゅう糸、#5は5番刺しゅう糸
※別布をミシンのフリーモーションで縫いつけて
　アクリル絵の具でペイントしてから刺しゅうをする

封筒でき上がり線　ラベル

サテンS（729）
レイジーデイジーSの中にストレートSをする（168）
ストレートS（844）2本どり
（327）
（ECRU）
サテンS
（3820）
（3822）
フレンチノット（3348）
ストレートS（844）1本どり
ランニングS（644）2本どり
ストレートS（939）1本どり
プリント布
コーチング（989）1本どり
渡し糸#5、とめ糸#25
寒冷紗

75

PAGE 20　庭に来る鳥

* 糸／DMC刺しゅう糸　#25（822、676、977、341、3799）　麻糸（AFE912こげ茶）　麻糸に色の近い細い糸（3790など）
* 布／麻布　グレー　30cm×25cm　ハーフリネン　ベージュ　30cm×10cm
* その他／接着芯30cm×35cm　厚さ5mmのスチレンボード20cm×25cm　製本用テープ
* でき上がりサイズ／20cm×25cm
* 作り方／布を突き合わせにして裏側に接着芯を貼り、布の継ぎ目に上からジグザグミシンをかけます。刺しゅうをし、布を折ってスチレンボードをくるみ、裏側を製本用テープでとめます。

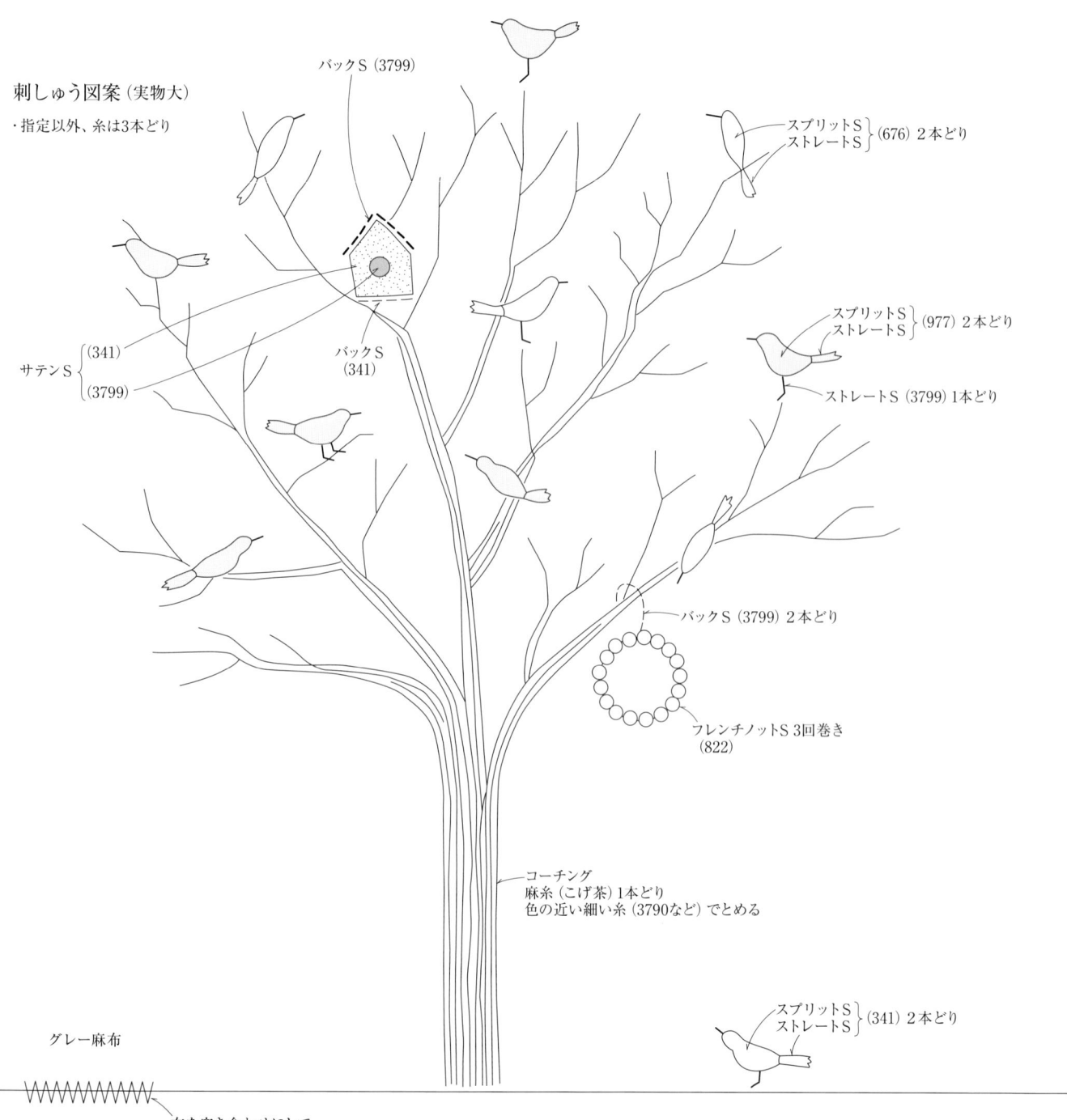

刺しゅう図案（実物大）
・指定以外、糸は3本どり

バックS（3799）

スプリットS　　(676) 2本どり
ストレートS

サテンS（341）
　　　（3799）

バックS（341）

スプリットS　　(977) 2本どり
ストレートS

ストレートS（3799）1本どり

バックS（3799）2本どり

フレンチノットS 3回巻き（822）

コーチング
麻糸（こげ茶）1本どり
色の近い細い糸（3790など）でとめる

スプリットS　　(341) 2本どり
ストレートS

グレー麻布

布を突き合わせにして
裏に接着芯を貼り、
ジグザグミシンをかける

ハーフリネン

76

PAGE 21　ロビンとノハラツグミ

* 糸／DMC刺しゅう糸　#25［ノハラツグミ］（ECRU、420、839、310）［ロビン］（ECRU、921、169、610、3865、310）
* 布（1点分）／麻布 白 15cm×15cm
* その他（1点分）／接着芯15cm×15cm　ベージュのフェルト12cm×8cm　ワイヤー（番線）　ボンド　［ブローチにする場合］ブローチピン
* でき上がりサイズ／図参照
* 作り方／刺しゅう布の裏側に接着芯を貼ります。刺しゅうをし、折り代を少し残してカットして折り代に切り込みを入れ、でき上がりに折ってボンドで貼ります。フェルトをでき上がりにカットし、あいだにワイヤーを差し込んで貼り、フェルトを刺しゅうの裏側にかがります（P.55参照）。オーナメントにする場合はワイヤーを足として差し込み、ブローチにする場合は裏側にブローチピンをつけます。

刺しゅう図案（実物大）

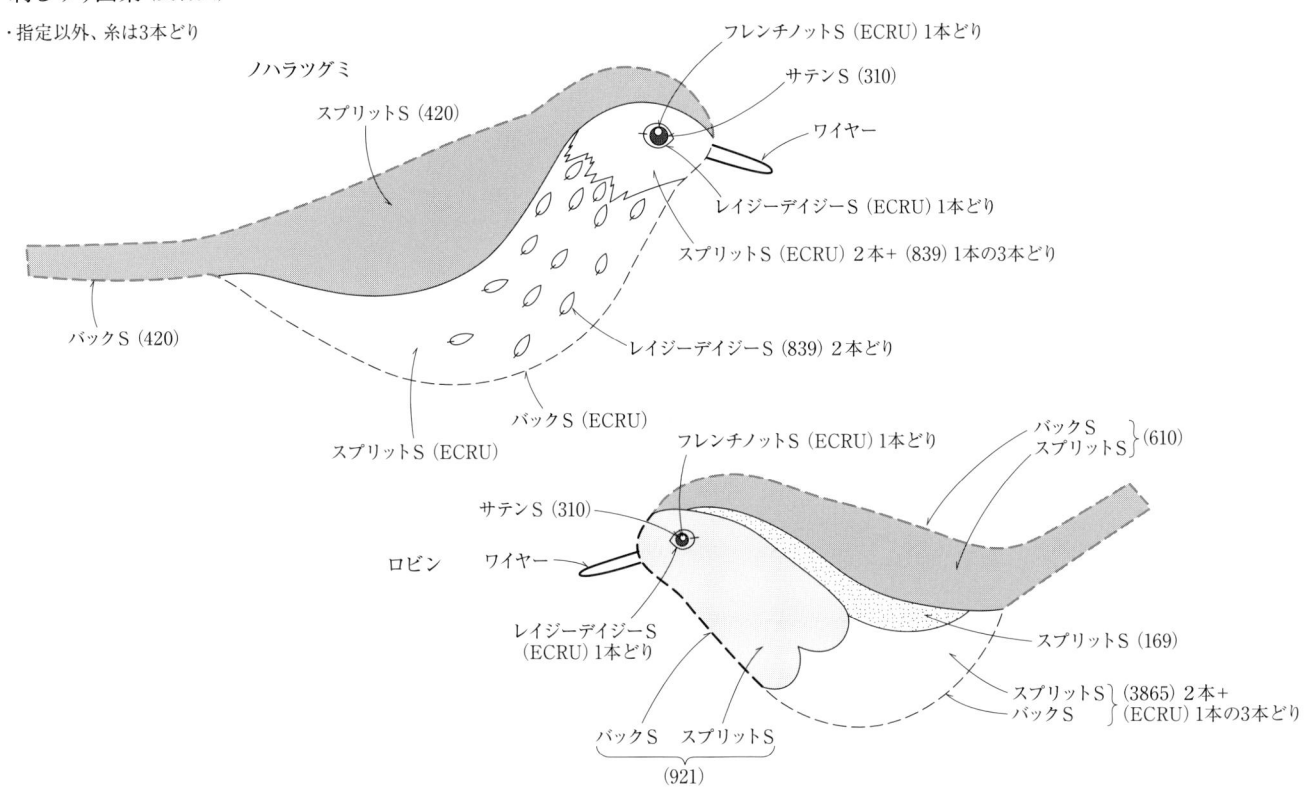

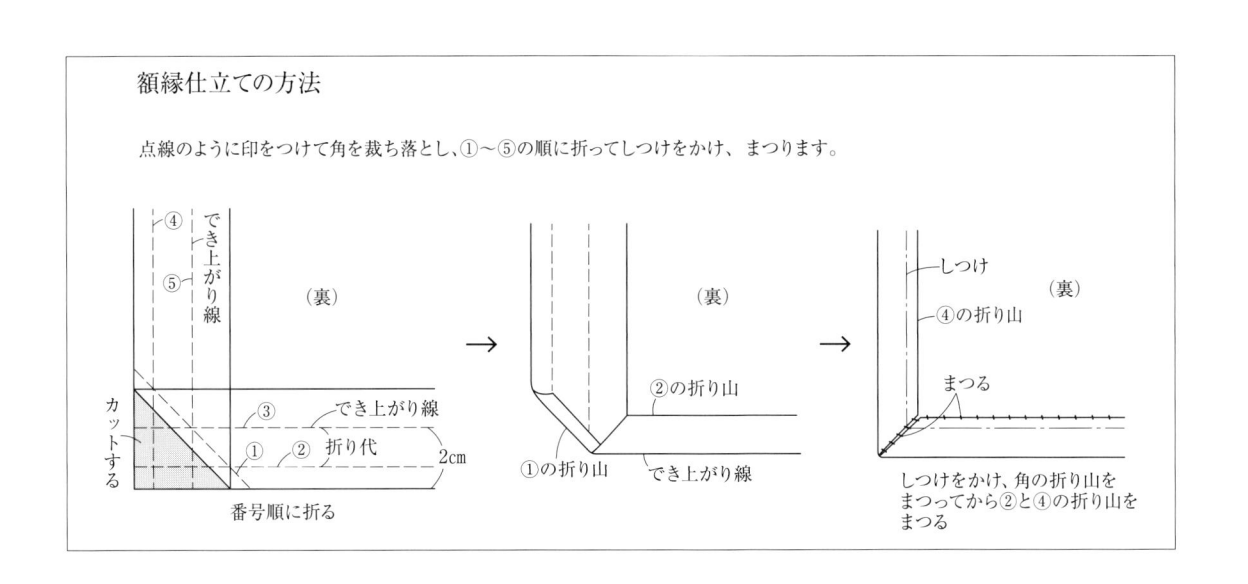

・指定以外、糸は3本どり

ノハラツグミ
- スプリットS（420）
- バックS（420）
- フレンチノットS（ECRU）1本どり
- サテンS（310）
- ワイヤー
- レイジーデイジーS（ECRU）1本どり
- スプリットS（ECRU）2本+（839）1本の3本どり
- レイジーデイジーS（839）2本どり
- バックS（ECRU）
- スプリットS（ECRU）

ロビン
- フレンチノットS（ECRU）1本どり
- サテンS（310）
- ワイヤー
- レイジーデイジーS（ECRU）1本どり
- バックS　スプリットS（921）
- バックS　スプリットS｝（610）
- スプリットS（169）
- スプリットS（3865）2本+バックS（ECRU）1本の3本どり

額縁仕立ての方法

点線のように印をつけて角を裁ち落とし、①〜⑤の順に折ってしつけをかけ、まつります。

④⑤でき上がり線
カットする
①②③折り代
でき上がり線
2cm
番号順に折る

①の折り山
②の折り山
（裏）
でき上がり線

しつけ
④の折り山
まつる
しつけをかけ、角の折り山をまつってから②と④の折り山をまつる

PAGE 22　秋の標本箱

- 糸／DMC刺しゅう糸　#25 (ECRU、433、434、420、3782、841、833、4130、347、349)
- 布／麻布 白 30cm×30cm
- その他／接着芯30cm×30cm　幅0.6cmのベージュのオーガンジーリボン　スタンプ　布用インクパッド（セピア）
  ［ブローチにする場合］ベージュのフェルト　ボンド　ブローチピン
- でき上がりサイズ／図案参照
- 作り方／刺しゅう布の裏側に接着芯を貼り、刺しゅうをします。スタンプを押し、まわりを四角くカットします。
  ［ブローチに仕立てる場合］まわりに折り代を少し残してカットし、折り代に切り込みを入れ、裏側に折ってボンドで貼ります。フェルトをでき上がりにカットし、フェルトを刺しゅうの裏側にかがります（P.55参照）。

刺しゅう図案（実物大）

- 指定以外、糸は3本どり

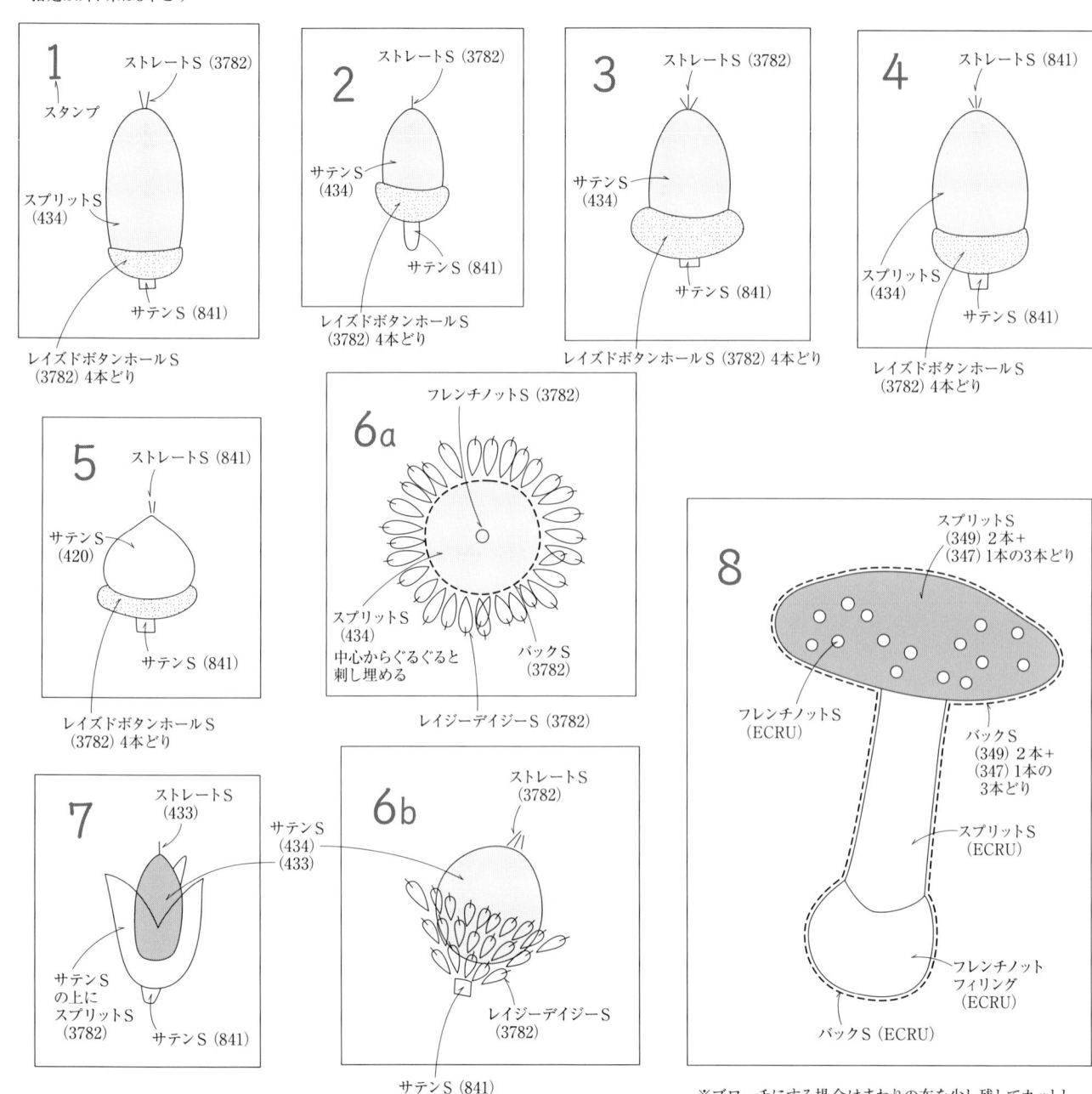

1
- スタンプ
- ストレートS (3782)
- スプリットS (434)
- サテンS (841)
- レイズドボタンホールS (3782) 4本どり

2
- ストレートS (3782)
- サテンS (434)
- サテンS (841)
- レイズドボタンホールS (3782) 4本どり

3
- ストレートS (3782)
- サテンS (434)
- サテンS (841)
- レイズドボタンホールS (3782) 4本どり

4
- ストレートS (841)
- スプリットS (434)
- サテンS (841)
- レイズドボタンホールS (3782) 4本どり

5
- ストレートS (841)
- サテンS (420)
- サテンS (841)
- レイズドボタンホールS (3782) 4本どり

6a
- フレンチノットS (3782)
- スプリットS (434) 中心からぐるぐると刺し埋める
- バックS (3782)
- レイジーデイジーS (3782)

7
- ストレートS (433)
- サテンS (434)(433)
- サテンSの上にスプリットS (3782)
- サテンS (841)

6b
- ストレートS (3782)
- レイジーデイジーS (3782)
- サテンS (841)

8
- スプリットS (349) 2本+(347) 1本の3本どり
- フレンチノットS (ECRU)
- バックS (349) 2本+(347) 1本の3本どり
- スプリットS (ECRU)
- フレンチノットフィリング (ECRU)
- バックS (ECRU)

※ブローチにする場合はまわりの布を少し残してカットし、裏側に布を折ってフェルトをかがりつける（P.55参照）

PAGE 23　ドングリの編み棒

* 糸／DMC刺しゅう糸　#25（898）　#5（3045）
* その他／フェルティング用ニードル　茶色のフェルト羊毛　棒針（玉なし）　幅2.5mmの茶色の革ひも14cm
* でき上がりサイズ／図参照
* 作り方／P.56を参照してフェルトを形作り、刺しゅうをします。

作り方

編み棒

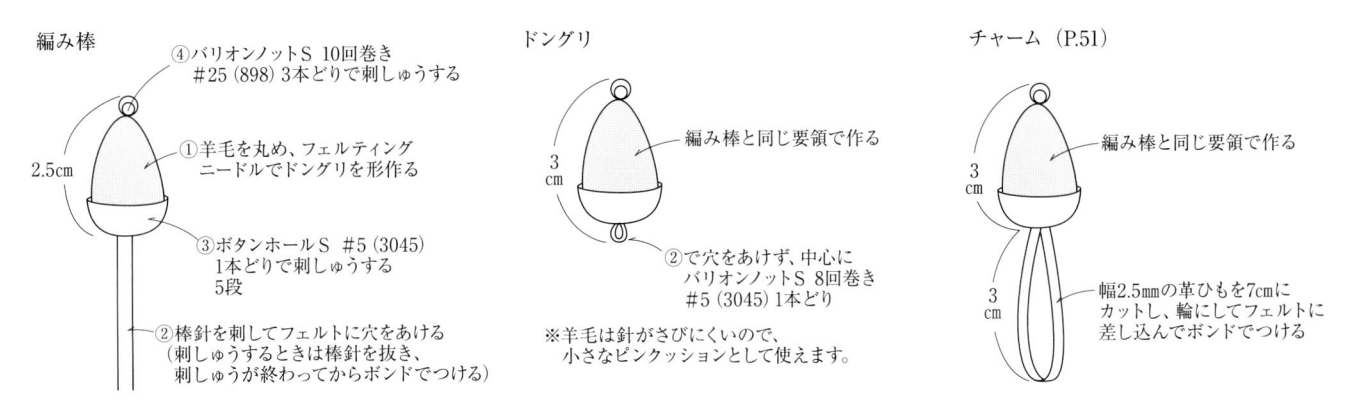

④バリオンノットS　10回巻き
　#25（898）3本どりで刺しゅうする

①羊毛を丸め、フェルティング
　ニードルでドングリを形作る

③ボタンホールS　#5（3045）
　1本どりで刺しゅうする
　5段

②棒針を刺してフェルトに穴をあける
　（刺しゅうするときは棒針を抜き、
　刺しゅうが終わってからボンドでつける）

2.5cm

ドングリ

編み棒と同じ要領で作る

3cm

②で穴をあけず、中心に
バリオンノットS　8回巻き
#5（3045）1本どり

※羊毛は針がさびにくいので、
　小さなピンクッションとして使えます。

チャーム（P.51）

編み棒と同じ要領で作る

3cm

3cm

幅2.5mmの革ひもを7cmに
カットし、輪にしてフェルトに
差し込んでボンドでつける

レイズドボタンホールSの刺し方

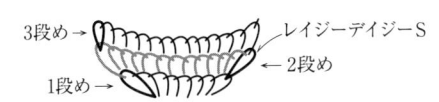

3段め
←2段め
1段め→
レイジーデイジーS

1目にレイジーデイジーSを刺し、続けて
ボタンホールSを刺す。2段めからは布をすくわずに
前段の渡り糸をすくって糸をからげながら
ボタンホールSをする

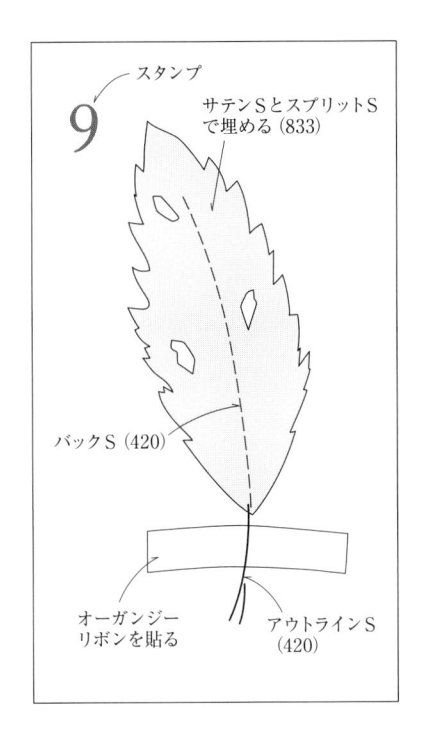

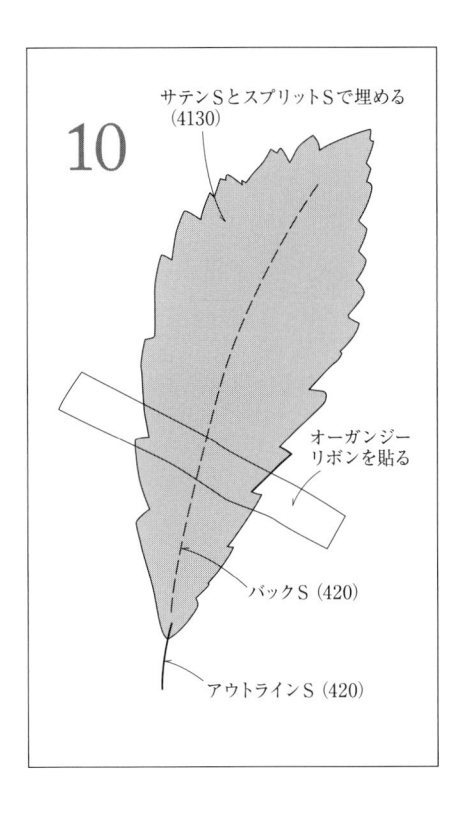

9
スタンプ
サテンSとスプリットS
で埋める（833）

バックS（420）

オーガンジー
リボンを貼る

アウトラインS
（420）

10
サテンSとスプリットSで埋める
（4130）

オーガンジー
リボンを貼る

バックS（420）

アウトラインS（420）

PAGE 24　小物入れ

* 糸／DMC刺しゅう糸　#25 (3347、3346)
* 布／麻布 ベージュ 70cm×41cm
* その他／ストライプの木綿布35cm×15cm　ベージュのトーションレース70cm　アルファベットのスタンプ　布用インクパッド (茶色)
* でき上がりサイズ／33cm×39cm
* 作り方／図参照

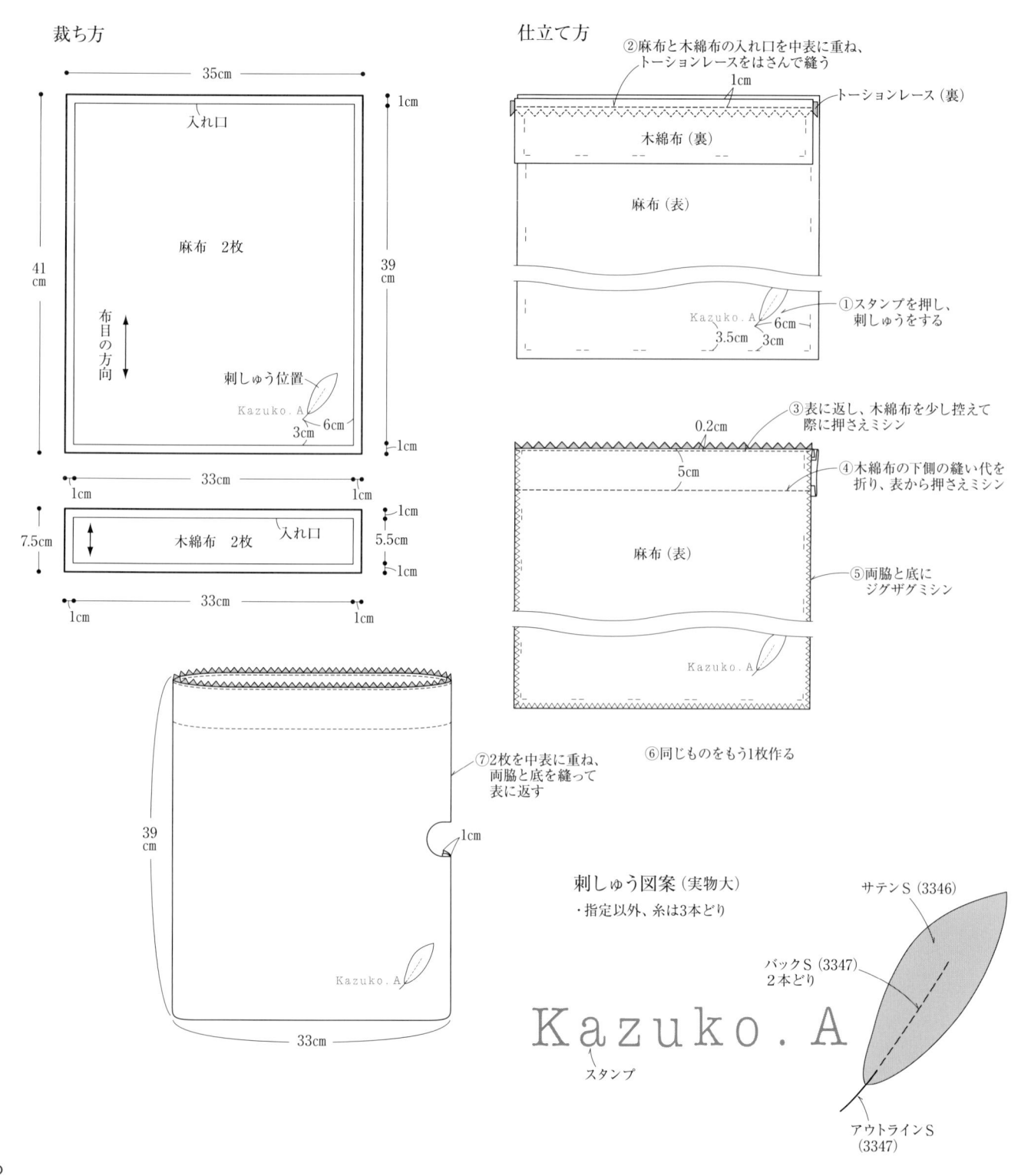

裁ち方

35cm
1cm
入れ口
麻布　2枚
41cm
39cm
布目の方向
刺しゅう位置
Kazuko.A
3cm　6cm
1cm

33cm
1cm　1cm
入れ口
7.5cm　木綿布　2枚　1cm
5.5cm
1cm
33cm
1cm　1cm

仕立て方

②麻布と木綿布の入れ口を中表に重ね、トーションレースをはさんで縫う

1cm
トーションレース (裏)
木綿布 (裏)
麻布 (表)

①スタンプを押し、刺しゅうをする
6cm
3.5cm　3cm

③表に返し、木綿布を少し控えて際に押さえミシン
0.2cm
5cm
④木綿布の下側の縫い代を折り、表から押さえミシン
麻布 (表)
⑤両脇と底にジグザグミシン
Kazuko.A

⑥同じものをもう1枚作る

⑦2枚を中表に重ね、両脇と底を縫って表に返す
39cm
1cm
Kazuko.A
33cm

刺しゅう図案 (実物大)
・指定以外、糸は3本どり

サテンS (3346)
バックS (3347) 2本どり
アウトラインS (3347)

Kazuko.A
スタンプ

PAGE 24　薬袋

- 糸／DMC刺しゅう糸　#25 (3347、3346、3821、3865、3747)
- 布／麻布 ベージュ 16cm×40cm
- その他／幅0.6cmのベージュのリネンテープ50cm　蜂のチャーム
  アルファベットのスタンプ　布用インクパッド (茶色)　ピーシングペーパー
- でき上がりサイズ／14cm×17.5cm
- 作り方／布目が粗くて図案が写しにくい場合は、
  ピーシングペーパーに図案を写して刺しゅうをし、
  あとから破り取ります (P.54参照)。

PAGE 25　ルーのワッペン

- 糸／DMC刺しゅう糸　#25 (320、368)
- 布／中厚綿サテン布 白 10cm×10cm
- その他／接着芯10cm×10cm　ボンド
- でき上がりサイズ／図案参照
- 作り方／刺しゅう布の裏側に接着芯を貼り、刺しゅうをします。
  刺しゅうのまわりにボンドを塗り、乾いてからカットします。

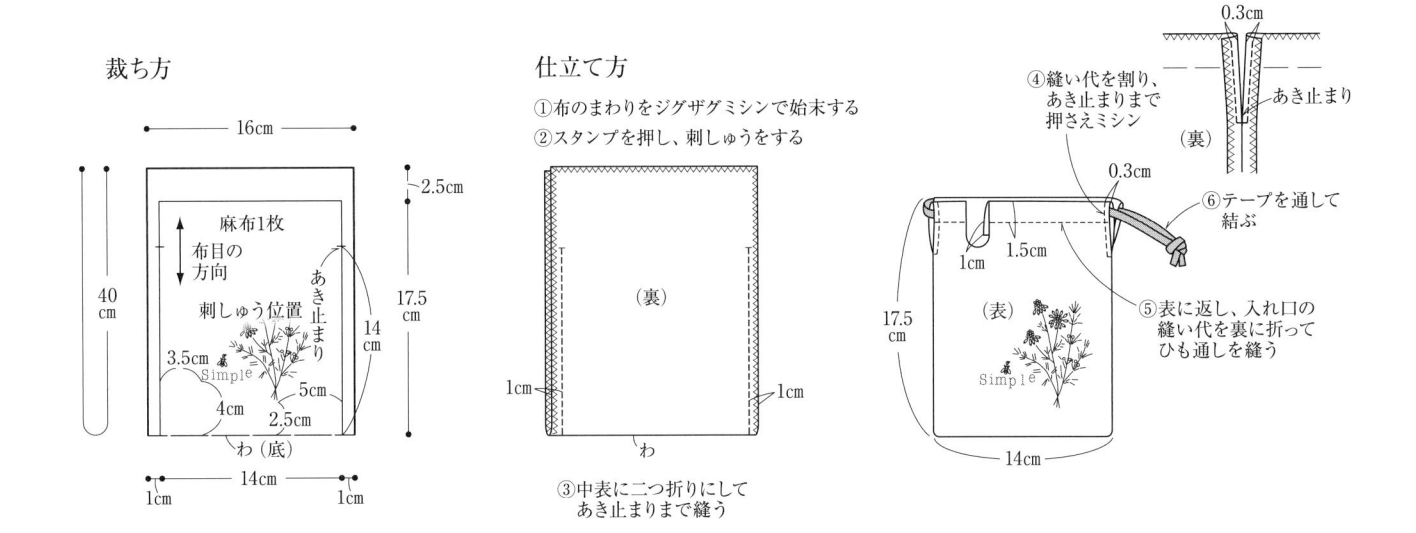

裁ち方

麻布1枚　布目の方向
16cm　2.5cm
40cm　17.5cm　14cm
刺しゅう位置　あき止まり
3.5cm　5cm
4cm　2.5cm
わ (底)
14cm　1cm　1cm

仕立て方

① 布のまわりをジグザグミシンで始末する
② スタンプを押し、刺しゅうをする

(裏)
1cm　1cm
わ

③ 中表に二つ折りにしてあき止まりまで縫う

0.3cm
④ 縫い代を割り、あき止まりまで押さえミシン
あき止まり
(裏)
0.3cm
⑥ テープを通して結ぶ
1cm　1.5cm
⑤ 表に返し、入れ口の縫い代を裏に折ってひも通しを縫う
17.5cm
(表)
Simple
14cm

刺しゅう図案 (実物大)

・指定以外、糸は3本どり

薬袋

- フレンチノットS (3821)
- バックS (3347) 2本どり
- レイジーデイジーS (3865)
- フレンチノットS (3747)
- チャームをつける
- ストレートS (3346)
- アウトラインS (3347) 2本どり
- スタンプ　Simple

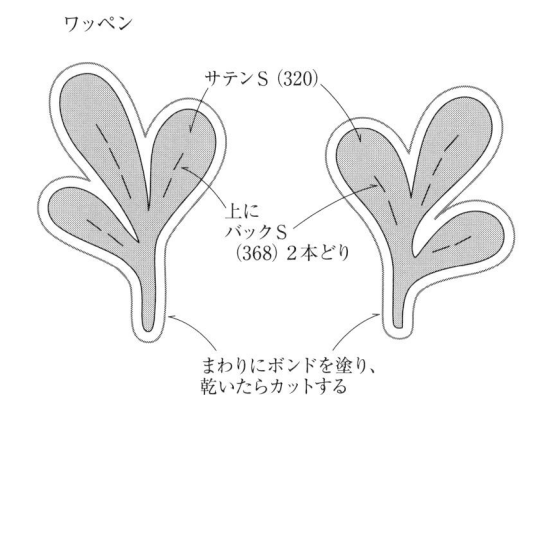

ワッペン

- サテンS (320)
- 上にバックS (368) 2本どり
- まわりにボンドを塗り、乾いたらカットする

PAGE 32　プレイスマット

* 糸／DMC刺しゅう糸　#25（3799）
* 布／麻布 ベージュ 35cm×25cm
* でき上がりサイズ／30cm×20cm
* 作り方／刺しゅうをし、でき上がり線にもバックステッチを刺します。でき上がりに折り、まわりを額縁仕立てにして縫います。

裁ち方、仕立て方

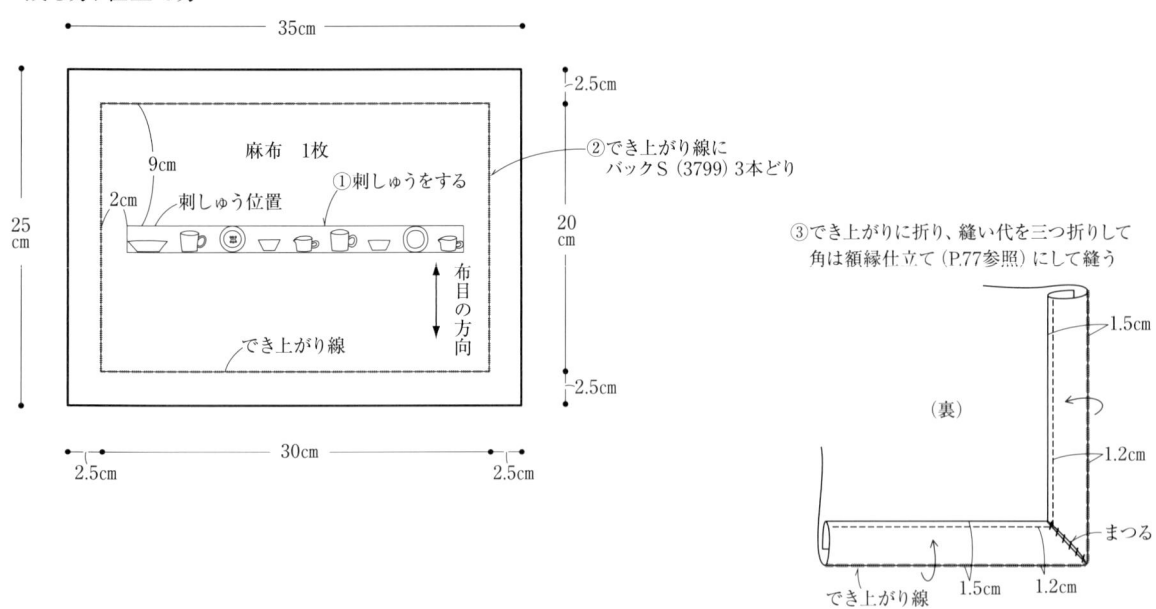

- 35cm
- 25cm
- 2.5cm
- 9cm
- 2cm
- 麻布　1枚
- 刺しゅう位置
- ①刺しゅうをする
- ②でき上がり線にバックS（3799）3本どり
- 20cm
- 布目の方向
- でき上がり線
- 30cm
- 2.5cm
- 2.5cm
- 2.5cm

③でき上がりに折り、縫い代を三つ折りして角は額縁仕立て（P.77参照）にして縫う

- 1.5cm
- （裏）
- 1.2cm
- まつる
- でき上がり線
- 1.5cm
- 1.2cm

刺しゅう図案（実物大）

・糸はすべて（3799）2本どり

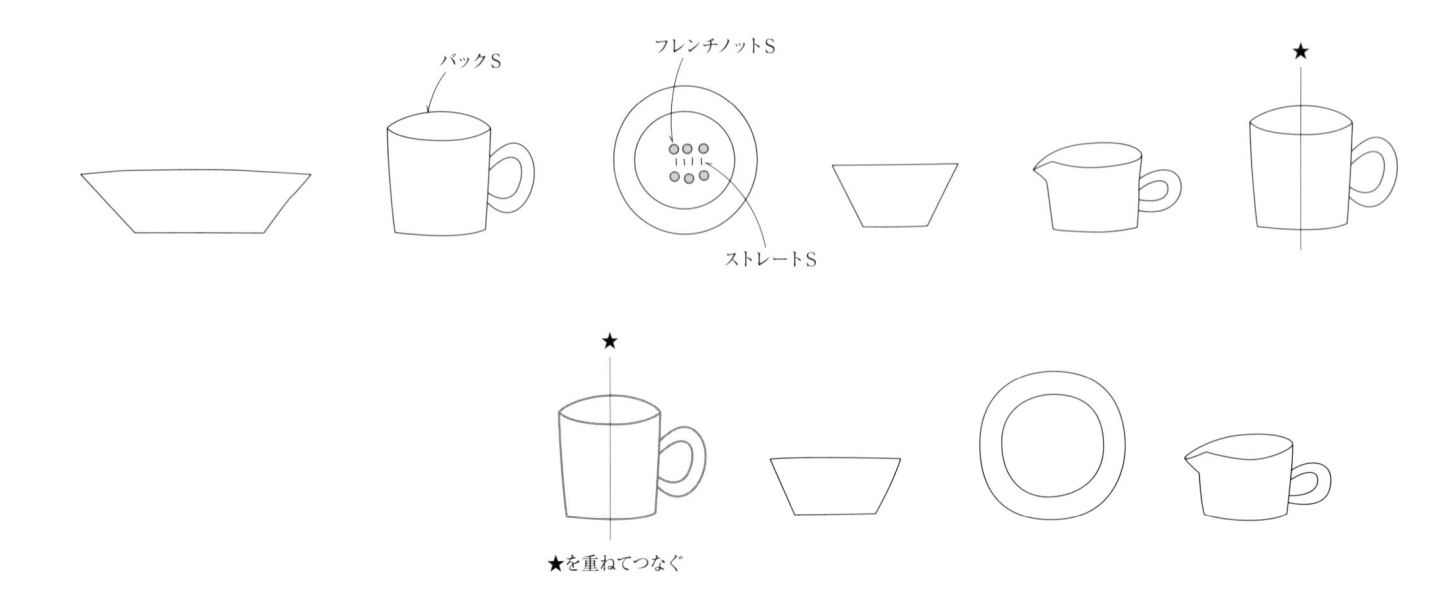

バックS
フレンチノットS
ストレートS
★
★
★を重ねてつなぐ

PAGE 34　染め付けの器

* 糸／DMC刺しゅう糸　#25（322、647、676、988）　麻糸（AFE416生成り）
* 布／麻布　白 39cm×32cm、ブルー 37cm×30cm
* その他／接着芯39cm×32cm　両面接着芯37cm×30cm　厚さ5mmのスチレンボード28.5cm×23.5cm　製本用テープ
* でき上がりサイズ／28.5cm×23.5cm
* 作り方／白い布の裏側に接着芯を貼り、ブルーの布の裏側に両面接着芯を貼って、2枚を「リバースアップリケの方法」（P.55）で接着してから刺しゅうをします。
  布を折ってスチレンボードをくるみ、裏側を製本用テープでとめます。

刺しゅう図案（実物大）

・指定以外、糸は（322）2本どり

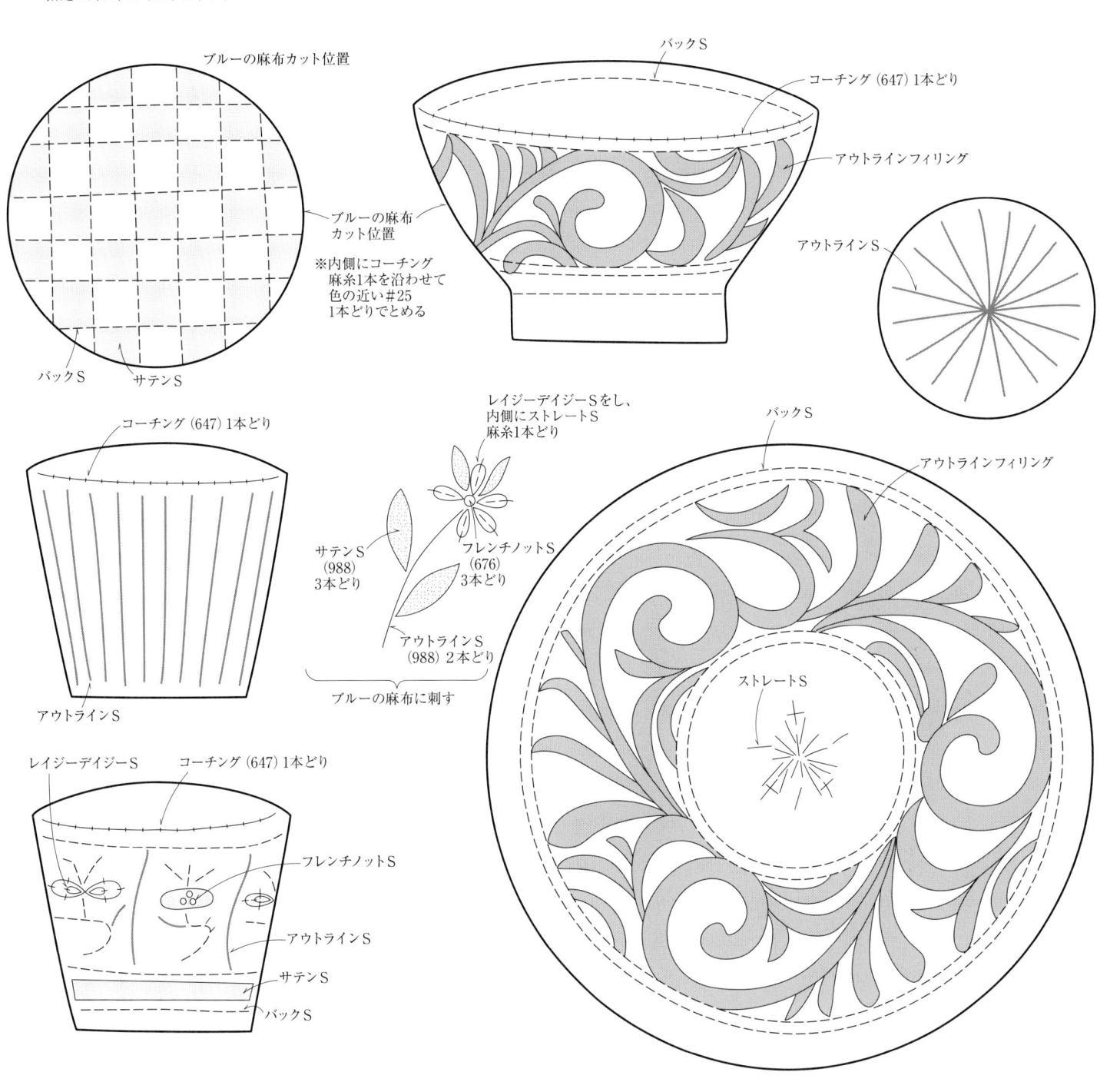

ブルーの麻布カット位置

バックS　サテンS

※内側にコーチング麻糸1本を沿わせて色の近い#25 1本どりでとめる

バックS
コーチング（647）1本どり
アウトラインフィリング
アウトラインS

コーチング（647）1本どり
アウトラインS

レイジーデイジーSをし、内側にストレートS 麻糸1本どり
サテンS（988）3本どり
フレンチノットS（676）3本どり
アウトラインS（988）2本どり
ブルーの麻布に刺す

バックS
アウトラインフィリング
ストレートS

レイジーデイジーS　コーチング（647）1本どり
フレンチノットS
アウトラインS
サテンS
バックS

PAGE 33　エコバッグ

* 糸／DMC刺しゅう糸　#25 (3799)
* 布／麻布 ベージュ 80cm×50cm
* その他／でき上がり幅0.6cmの黒のパイピングテープ180cm
* でき上がりサイズ／図参照
* 作り方／布を裁って刺しゅうをし、持ち手の布端をパイピングテープで始末してバッグに仕立てます。

裁ち方
・縫い代の端にジグザグミシンをかけておく

1cm / 9cm / 17cm / 9cm / 1cm
1.5cm / 1.5cm
裁ち切り
4.5cm
15cm
中央
3.5cm
10cm
3.5cm / 1.5cm
0.8cm
1.5cm
12cm
麻布 2枚
折り線
刺しゅう面
※1枚に刺しゅうをする
33cm
50cm
38cm
中央
40cm
6cm
1cm

仕立て方

①1枚に刺しゅうをする

②2枚それぞれの持ち手の端をパイピングテープでくるんで縫う

0.6cm
1cm / 1cm
(裏)

折り山
0.6cm
麻布(表) / パイピングテープ(裏)

パイピングテープをひろげて麻布と中表に合わせ、テープの端と布端を揃えて縫う

↓

麻布(表) / パイピングテープ(表)

パイピングテープで布端をくるみ、押さえミシン

③2枚を中表に重ね、両脇を縫う

1cm

⑤折り線で折り、持ち手を縫う
1cm
4.5cm
(裏)
6cm
1cm
④折り線で折り、底を縫う

⑤表に返し、アイロンで折り山を押さえる

48cm
26cm

刺しゅう図案（実物大）
- 糸はすべて（3799）2本どり、指定以外はバックS

中央▼

スプリットS

フレンチノットS
レイジーデイジーS

FINLAND

85

PAGE 36　パンのサンプラー

* 糸／DMC刺しゅう糸　#25（ECRU、437、435、434、433、738、3031、841、3685）
* 布／麻布 白 30cm×20cm
* その他／接着芯30cm×20cm　ボンド
* でき上がりサイズ／図案参照
* 作り方／刺しゅう布の裏側に接着芯を貼り、刺しゅうをします。刺しゅうのまわりにボンドを塗り、乾いてからカットします。

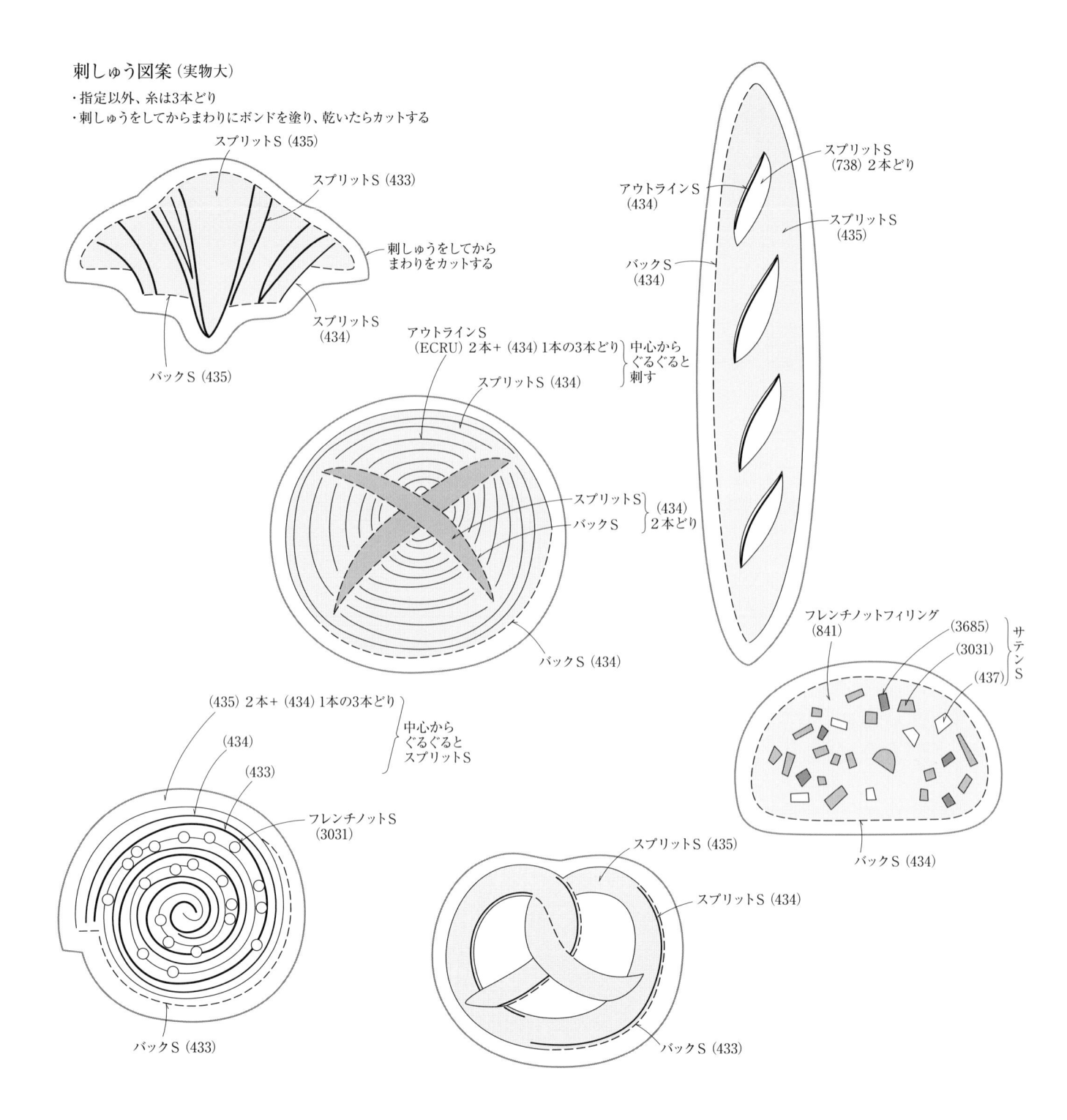

刺しゅう図案（実物大）

・指定以外、糸は3本どり
・刺しゅうをしてからまわりにボンドを塗り、乾いたらカットする

クロワッサン
- スプリットS（435）
- スプリットS（433）
- 刺しゅうをしてからまわりをカットする
- スプリットS（434）
- バックS（435）

バゲット
- スプリットS（738）2本どり
- アウトラインS（434）
- スプリットS（435）
- バックS（434）

カンパーニュ
- アウトラインS（ECRU）2本+（434）1本の3本どり｝中心からぐるぐると刺す
- スプリットS（434）
- スプリットS（434）｝2本どり
- バックS（434）
- バックS（434）

シナモンロール
- （435）2本+（434）1本の3本どり｝中心からぐるぐるとスプリットS
- （434）
- （433）
- フレンチノットS（3031）
- バックS（433）

プレッツェル
- スプリットS（435）
- スプリットS（434）
- バックS（433）

フルーツパン
- フレンチノットフィリング（841）
- （3685）
- （3031）
- （437）｝サテンS
- バックS（434）

PAGE 42　ダーラヘストのアップリケ

[刺しゅう糸以外は1個分。写真左からA、B、C]
* 糸／DMC刺しゅう糸　[A] #25 (336)　[B] #25 (975)　[C] #25 (347)
* 布／麻布 ベージュ 28cm×28cm
* その他／プリント布18cm×18cm　両面接着芯25cm×18cm　幅 約2cmの布の耳25cm　厚さ5mmのスチレンボード18cm×18cm　製本用テープ　[Bのみ]厚紙3cm×5cm
* でき上がりサイズ／18cm×18cm
* 作り方／布の耳を幅 約2cmにカットして土台の麻布に両面接着芯で貼ります。
P.54を参照し、プリント布をカットして両面接着芯で土台の麻布に貼り、アップリケ布の際にバックステッチを刺します。タッセルを作ってしっぽにしても。
布を折ってスチレンボードをくるみ、裏側を製本用テープでとめます。

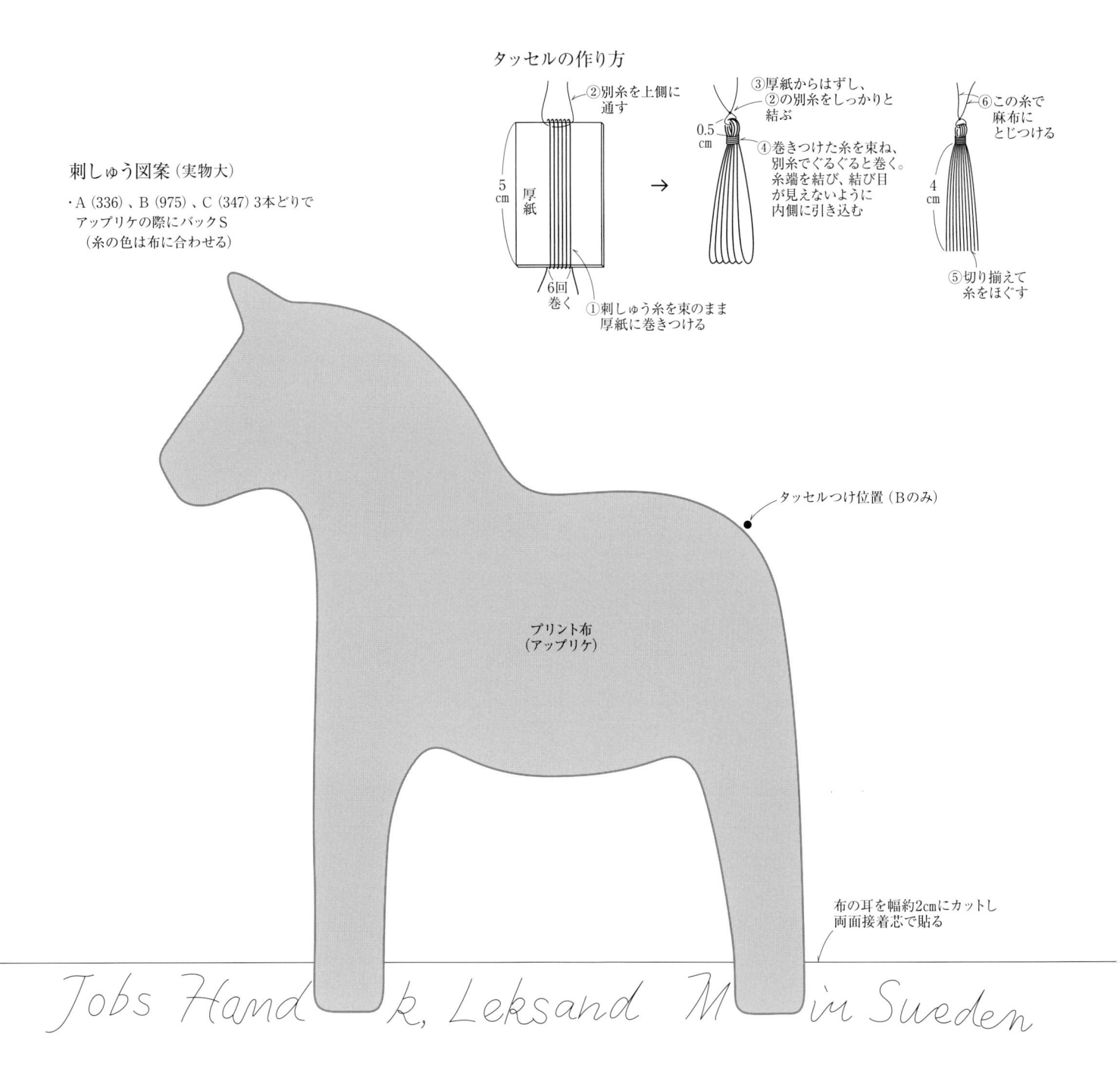

タッセルの作り方

②別糸を上側に通す
③厚紙からはずし、②の別糸をしっかりと結ぶ
④巻きつけた糸を束ね、別糸でぐるぐると巻く。糸端を結び、結び目が見えないように内側に引き込む
⑤切り揃えて糸をほぐす
⑥この糸で麻布にとじつける
①刺しゅう糸を束のまま厚紙に巻きつける
厚紙 5cm
6回巻く
0.5cm
4cm

刺しゅう図案（実物大）
・A (336)、B (975)、C (347) 3本どりで
　アップリケの際にバックS
　（糸の色は布に合わせる）

プリント布（アップリケ）

タッセルつけ位置（Bのみ）

布の耳を幅約2cmにカットし両面接着芯で貼る

Jobs Handwerk, Leksand M in Sweden

PAGE 38　レシピケース

* 糸／DMC刺しゅう糸　#25（304）
* 布／麻布 ベージュ（リベコ社のナポリ） 23cm×34cm
* その他／木綿布23cm×31cm　赤いレザー 5cm×5cm　直径5mmのハトメ　太さ1mmの革ひも25cm
* でき上がりサイズ／図参照
* 作り方／布目を数えてクロスステッチをします。（作品は織り糸2本×2本＝1目）
　布目が数えられない布の場合は、抜きキャンバスを使います。

裁ち方

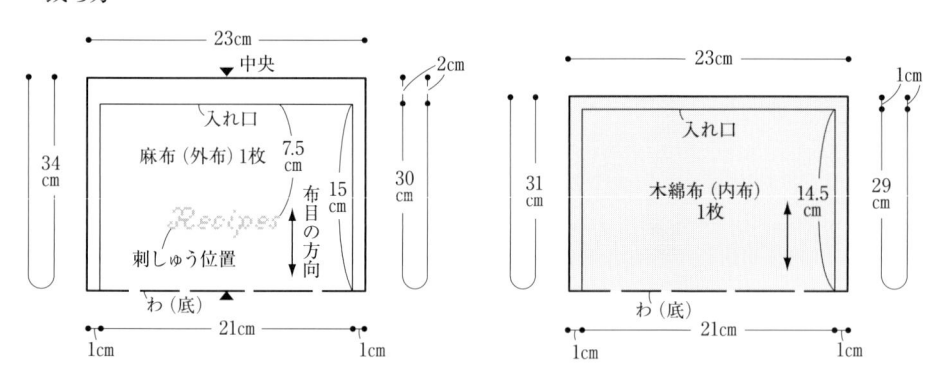

麻布（外布）1枚　23cm×34cm（入れ口側2cm、底側1cm、両脇1cm、刺しゅう位置7.5cm、15cm、布目の方向、中央、わ（底）、21cm、30cm）

木綿布（内布）1枚　23cm×31cm（入れ口側1cm、底側1cm、両脇1cm、14.5cm、21cm、29cm、わ（底））

仕立て方

① 外布に刺しゅうをする（中央から刺すとよい）
② 外布を中表に二つ折りにし、両脇を縫う
　外布（裏）　1cm　わ
③ 底のまちをつまんで縫い、表に返す
　1cm　縫い代を倒す　2cm　（裏）
④ 内布も外布と同様に縫う（表には返さない）
⑤ 外布の中に内布を入れ、外表に重ねる。入れ口の縫い代を折り、まつる
　0.5cm　内布（表）　3cm　14cm　外布（表）　19cm　2cm
⑥ レザーを直径2.8cmにカットし、中央にハトメでとめる（P.56参照）
⑦ 後ろ側はレザーを2cm×0.5cmにカットし、両脇に革ひもをはさんで中央にボンドでとめる
　革ひも（1mm）25cm　結ぶ　1cm　結ぶ

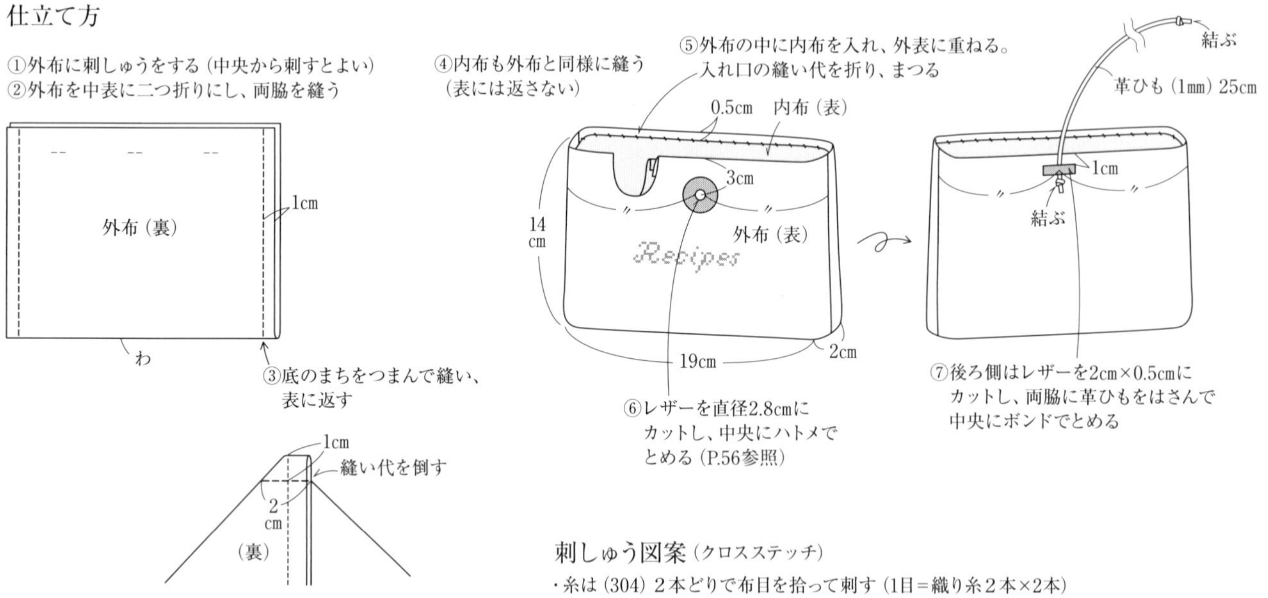

刺しゅう図案（クロスステッチ）

・糸は（304）2本どりで布目を拾って刺す（1目＝織り糸2本×2本）

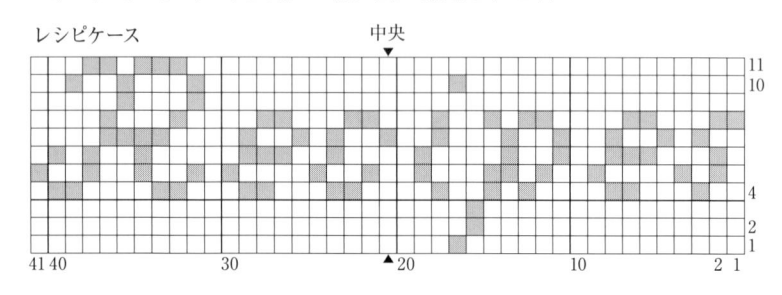

レシピケース　中央

PAGE 39　鍋つかみ　[2個分]

* 糸／DMC刺しゅう糸　#25 (304)
* 布／麻布 ベージュ（リベコ社のナポリ）20cm×20cm
* その他／キルト芯20cm×20cm　木綿布20cm×20cm　赤いレザー 1cm×8cm
* でき上がりサイズ／図参照
* 作り方／布目を数えてクロスステッチをします。（作品は織り糸2本×2本＝1目）
  布目が数えられない布の場合は、抜きキャンバスを使います。

裁ち方

・表布、裏布、キルト芯すべて裁ち切りで各1枚

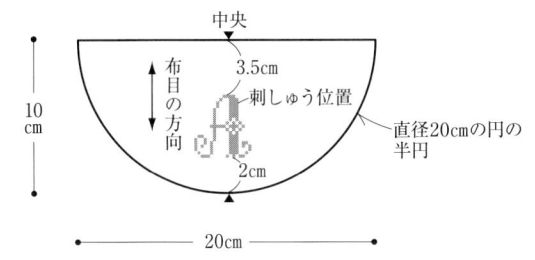

中央
3.5cm
刺しゅう位置
布目の方向
10cm
直径20cmの円の半円
2cm
20cm

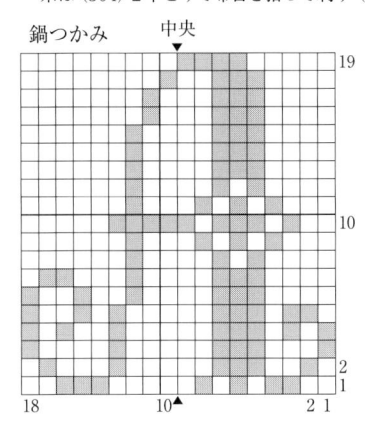

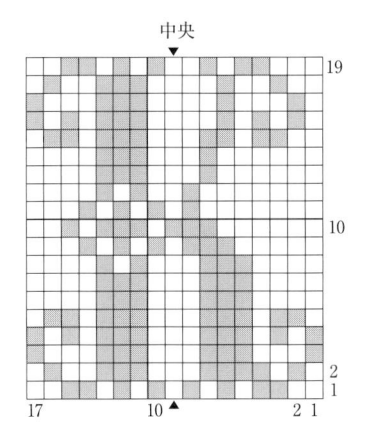

仕立て方

①表布に刺しゅうをする（中央から刺すとよい）
②表布と裏布を中表に重ね、表布の上にキルト芯をのせ、カーブの0.5cm内側を縫う

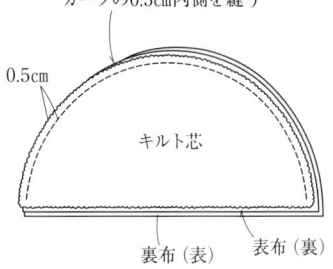

0.5cm
キルト芯
裏布（表）　表布（裏）

刺しゅう図案（クロスステッチ）

・糸は(304) 2本どりで布目を拾って刺す（1目＝織り糸2本×2本）

鍋つかみ　中央
19
10
2 1
18　10　2 1

中央
19
10
2 1
17　10　2 1

③表布と裏布に分けて折り、返し口を残して0.5cmのところを縫う
　表布側にはレザーをはさむ

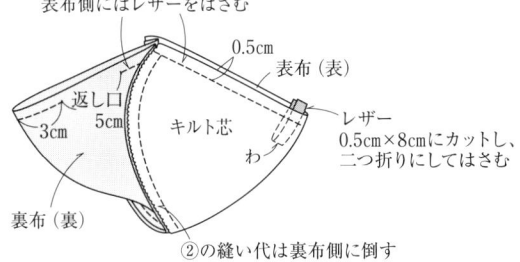

0.5cm
表布（表）
返し口 3cm
5cm
キルト芯
裏布（裏）
レザー
0.5cm×8cmにカットし、二つ折りにしてはさむ
わ
②の縫い代は裏布側に倒す

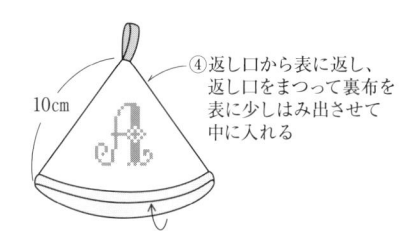

④返し口から表に返し、返し口をまつって裏布を表に少しはみ出させて中に入れる
10cm

PAGE 44　ガラスボウルの花

* 糸／DMC刺しゅう糸　#25（989、368、320、3820、822、3865、646）　#5（989、368）
  青木和子オリジナルリネン糸（リーフグリーン、ステムグリーン、バターカップ、アーティチョーク、カンパニュラ）
* 布／麻布　白　35cm×27cm
* その他／接着芯35cm×27cm
  　　　　厚さ5mmのスチレンボード25cm×17cm
  　　　　幅0.6cmのモスグリーンのオーガンジーリボン
  　　　　透明糸　製本用テープ
* でき上がりサイズ／25cm×17cm
* 作り方／刺しゅう布の裏側に接着芯を貼ります。
  　　　　刺しゅうをし、オーガンジーリボンを透明糸でとめつけます。
  　　　　布を折ってスチレンボードをくるみ、裏側を製本用テープでとめます。

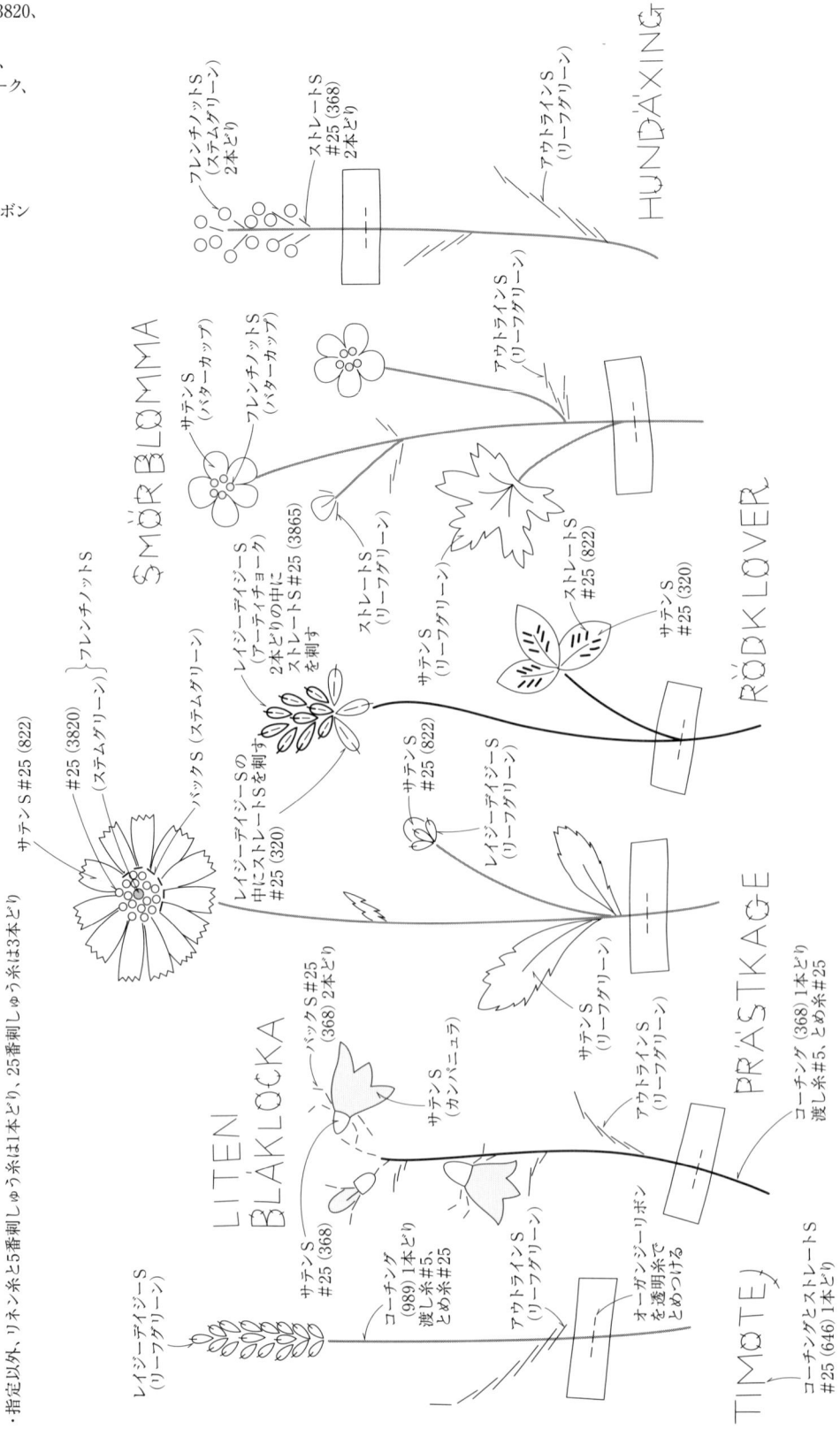

刺しゅう図案（実物大）
・指定以外、糸はリネン糸
・#25は25番刺しゅう糸、#5は5番刺しゅう糸
・指定以外、リネン糸と5番刺しゅう糸は1本どり、25番刺しゅう糸は3本どり

PAGE 46　3つのエピソード

[写真左からA、B、C]

* 糸／DMC刺しゅう糸　[A] #25（989、3347、727、3821、435、610、646）、#5（989）
  [B] #25（793、646）
  [C] #25（3328、347、610、646）
* 布（1点分）／麻布 白12cm×18cm
* その他（1点分）／接着芯12cm×18cm
  [Aのみ] ブルーの布 2.5cm×1.5cm
  両面接着芯2.5cm×1.5cm
* でき上がりサイズ／12cm×18cm
* 作り方／刺しゅう布の裏側に接着芯を貼り、刺しゅうをします。
  布を12cm×18cmにカットし、
  上側にパンチで穴をあけます。

刺しゅう図案（実物大）
・指定以外、糸は3本どり
・#25は25番刺しゅう糸、#5は5番刺しゅう糸

A
- フレンチノットS (435)(610)
- サテンS (3821)
- 両面接着芯でブルーの布を貼り、ストレートS (3821)
- コーチング (989) 渡し糸 2本どり とめ糸 1本どり
- フレンチノットS (727)
- コーチング (989) 1本どり 渡し糸#5、とめ糸#25
- バックS (3347)
- サテンS (3821)
- バックS (610)
- フレンチノットS (435)(610)
- ストレートS (3347)
- バックS (646) 2本どり
- フレンチノットS (646)
- コーチングとストレートS (646) 2本どり（とめ糸は1本どり）
- FÄRGKULLA

B
・糸は指定以外 (793) 3本どり
- バックS (646) 2本どり
- バックS (646) 1本どり
- ストレートS
- レイジーデイジーS
- フレンチノットS
- サテンS 3本どり
- フレンチノットフィリング
- コーチングとストレートS 2本どり（とめ糸は1本どり）
- ストレートS 1本どり
- コーチングとストレートS 1本どり
- BLÅ BLOM OLD SWEDEN

C
- フレンチノットS 3回巻き (3328)
- バックS (646)
- アウトラインS (610)
- バランスよくスプリットS (3328)を刺す
- スプリットS (347)
- フレンチノットS (646)
- コーチングとストレートS (646) 2本どり（とめ糸は1本どり）
- APPLE

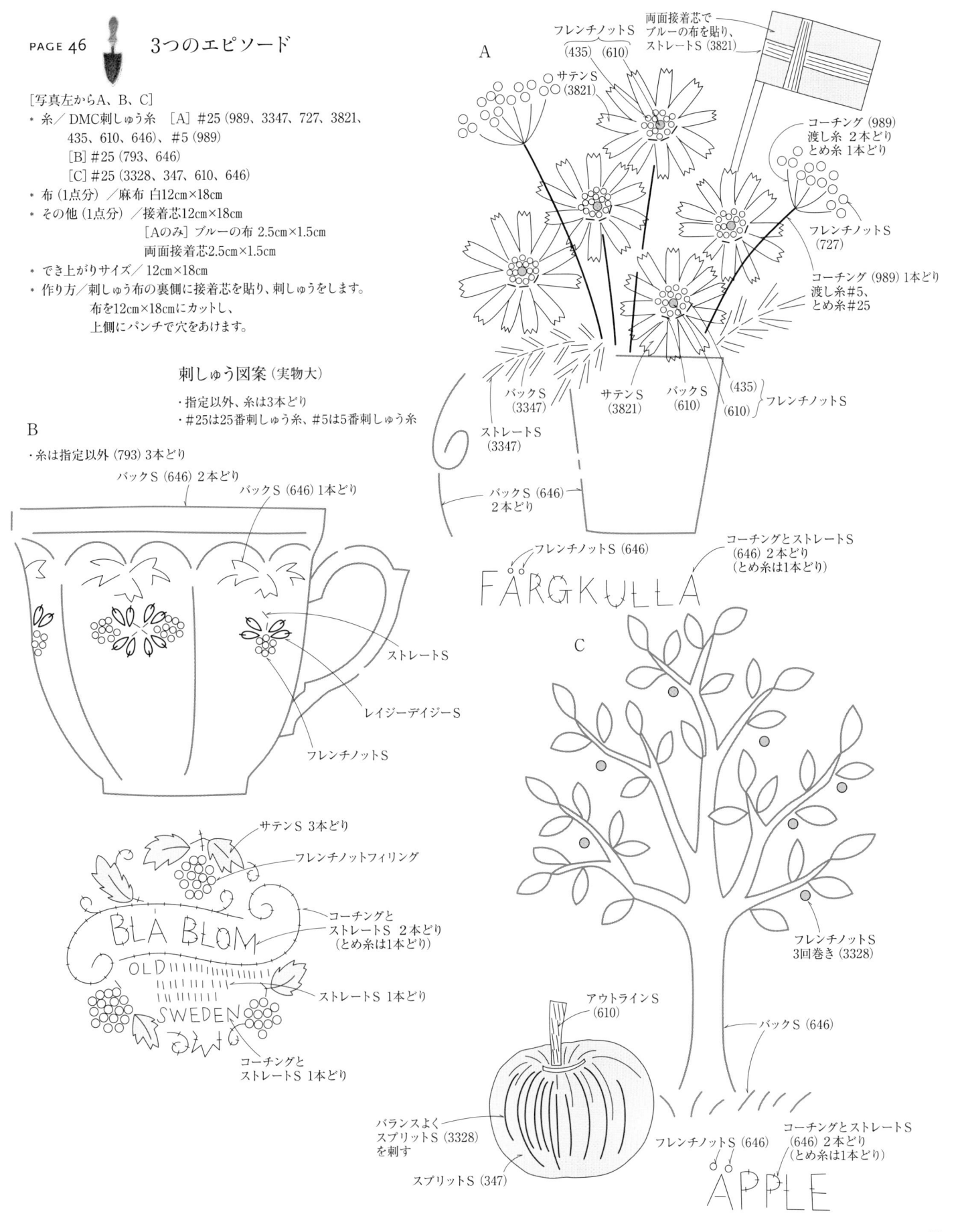

PAGE 45　ティーコゼ

* 糸／DMC刺しゅう糸　#25（ECRU、3347、320、3822、3820、435、844、3865、316）　#5（3347）
  青木和子オリジナルリネン糸（リーフグリーン、ステムグリーン、カンパニュラ）
* 布／麻布 ベージュ 66cm×27cm　麻布 白 5cm×5cm
* その他／接着キルト芯62cm×21.5cm　ストライプの木綿布66cm×23cm　接着芯5cm×5cm　ボンド
* でき上がりサイズ／図参照
* 作り方／ベージュの麻布に刺しゅうをして裁ち、図のように仕立てます。
  白い麻布の裏側に接着芯を貼って蝶を刺しゅうし、刺しゅうのまわりにボンドを塗って乾いたらカットし、好みの位置につけます。

裁ち方図

・外布に刺しゅうをしてから裁つ
・接着キルト芯は裁ち切りでカットし、外布の裏側に貼る

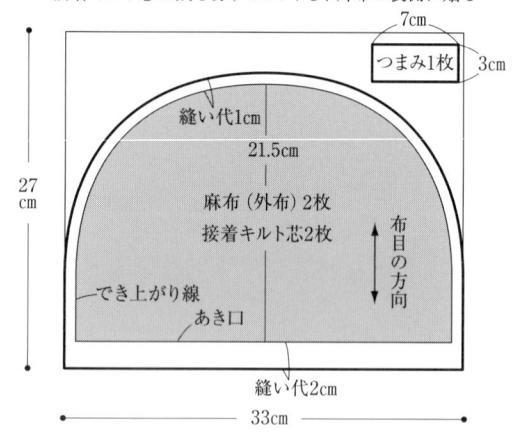

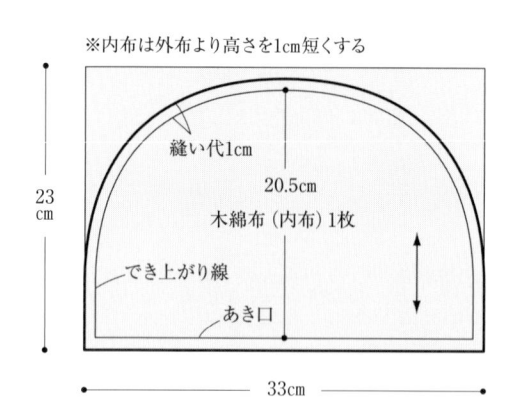

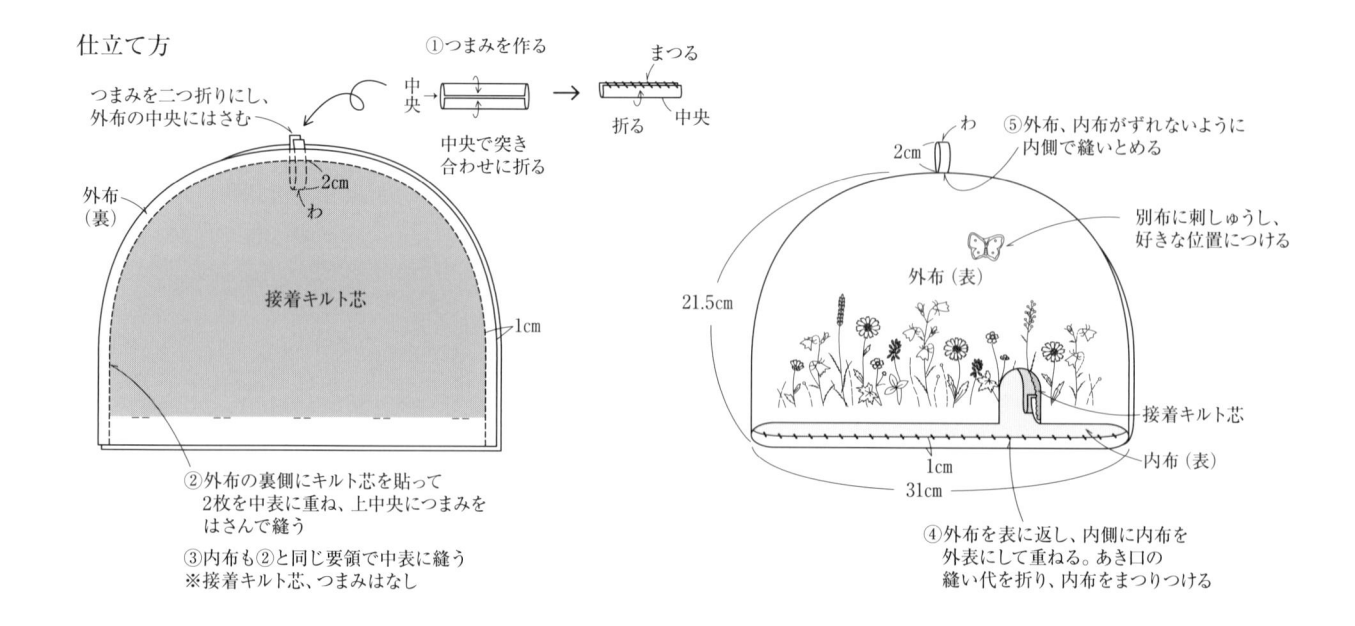

つまみ1枚　7cm×3cm
縫い代1cm
21.5cm
麻布（外布）2枚
接着キルト芯2枚
27cm
布目の方向
でき上がり線
あき口
縫い代2cm
33cm

※内布は外布より高さを1cm短くする
縫い代1cm
20.5cm
木綿布（内布）1枚
23cm
でき上がり線
あき口
33cm

仕立て方

①つまみを作る
中央で突き合わせに折る
まつる
折る　中央

つまみを二つ折りにし、外布の中央にはさむ
外布（裏）
2cm
わ
接着キルト芯
1cm

②外布の裏側にキルト芯を貼って2枚を中表に重ね、上中央につまみをはさんで縫う
③内布も②と同じ要領で中表に縫う
※接着キルト芯、つまみはなし

⑤外布、内布がずれないように内側で縫いとめる
わ　2cm
別布に刺しゅうし、好きな位置につける
外布（表）
21.5cm
接着キルト芯
内布（表）
1cm
31cm

④外布を表に返し、内側に内布を外表にして重ねる。あき口の縫い代を折り、内布をまつりつける

ティーコゼ型紙　※内布は下側を1cmカットする

中央

※蝶は別布（白）に刺しゅうし、まわりにボンドを塗って乾いたらカットする

ストレートS #25 (844) 1本どり
好きな位置につける
フレンチノットS #25 (844) 1本どり
フレンチノットS #25 (435)
フレンチノットS #25 (844) 1本どり
サテンS #25 (844)
ストレートS #25 (3822)
2本どり

刺しゅう図案（133%に拡大して使用）

・指定以外、糸はリネン糸
・#25は25番刺しゅう糸、#5は5番刺しゅう糸
・指定以外、リネン糸と5番刺しゅう糸は1本どり、25番刺しゅう糸は3本どり

フレンチノットS（ステムグリーン）
ストレートS（リーフグリーン）
アウトラインS（リーフグリーン）
ストレートS #25 (3822)
フレンチノットS #25 (3820)
サテンS（リーフグリーン）
レイジーデイジーS #25 (316) 2本どりの中にストレートS #25 (3865) を刺す
レイジーデイジーSの中にストレートSを刺す #25
サテンS #25 (320)
サテンS #25 (320)
コーチングS (3347) 1本どり 渡し糸#5、とめ糸#25
バックS（ステムグリーン）
フレンチノットS
#25 (3820)（ステムグリーン）
バックS #25 (3347) 2本どり
サテンS #25 (3865) 2本+ (ECRU) 1本の3本どり
レイジーデイジーS（リーフグリーン）
ストレートS（リーフグリーン）
サテンS（リーフグリーン）
サテンS（カンパニュラ）
サテンS #25 (3865) 2本+ (ECRU) 1本の3本どり
フレンチノットS #25 (3822)
レイジーデイジーS #25 (320)
バックS（ステムグリーン）
サテンS #25 (320)

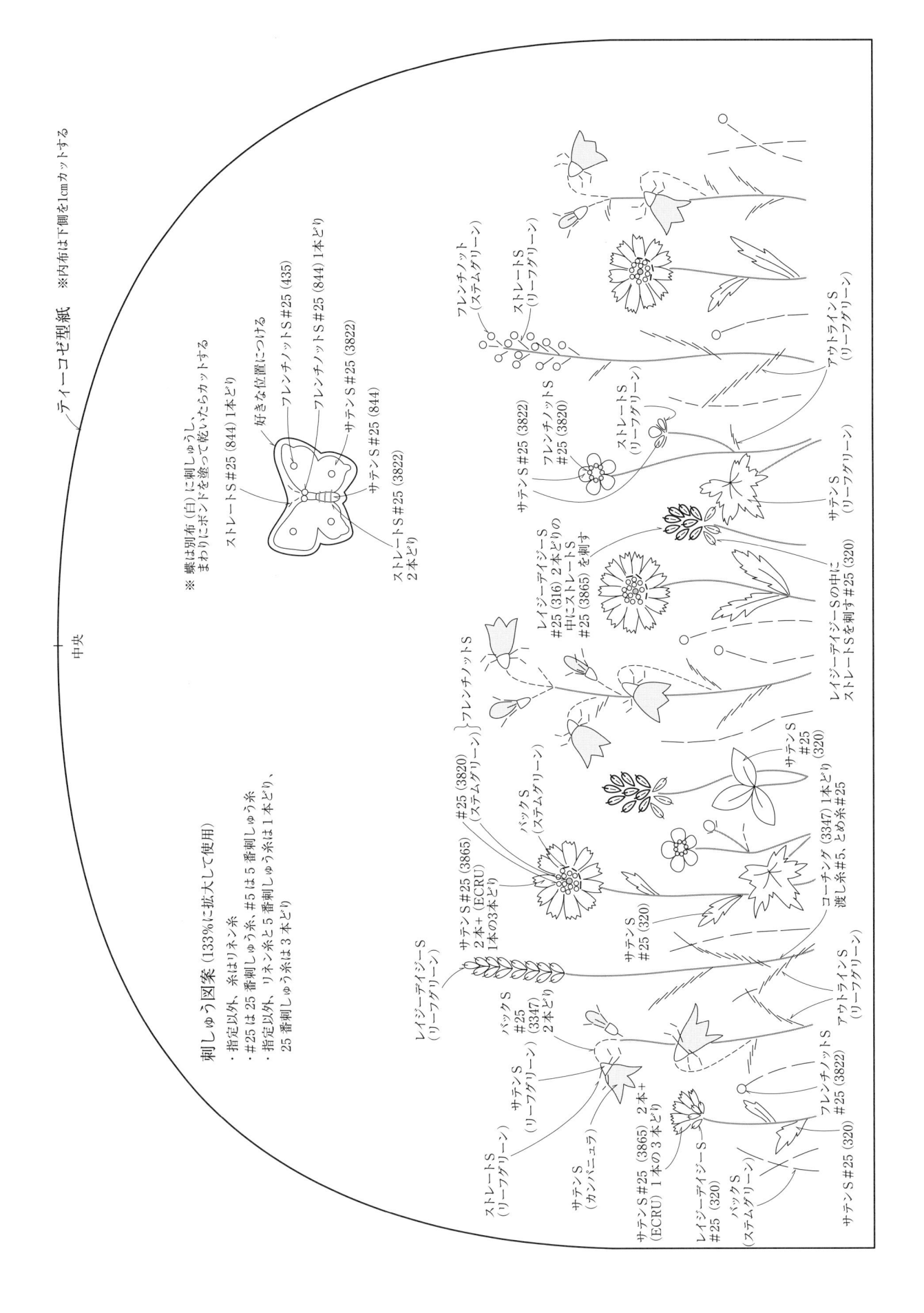

93

PAGE 52　ニードルブック

* 糸／DMC刺しゅう糸　#25 (ECRU、349、347、3865、433)
* 布／麻布 ベージュ 18cm×10cm
* その他／接着芯16cm×8cm　アイボリーのフェルト16cm×16cm　幅0.4cmの麻コード36cm　アルファベットのスタンプ　布用インクパッド(セピア)
* でき上がりサイズ／図参照
* 作り方／麻布の裏に接着芯を貼り、スタンプを押して刺しゅうをしてから裁ち、図を参照して仕立てます。

裁ち方

・麻布の裏側にでき上がり線で接着芯を貼り、スタンプを押して刺しゅうをしてから裁つ (図案はP.95)

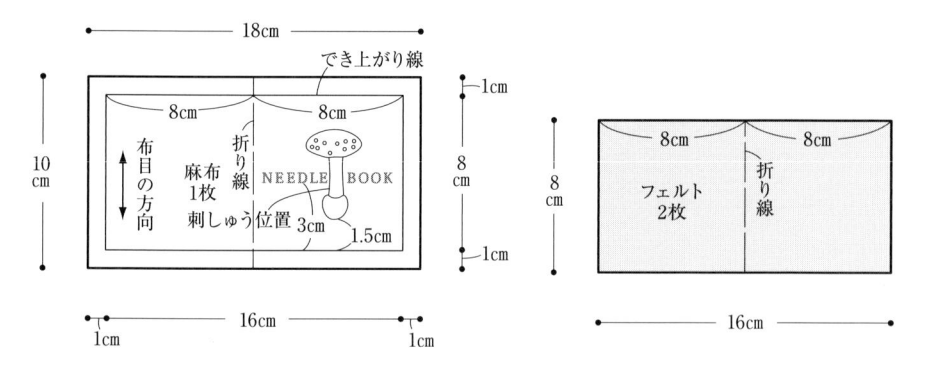

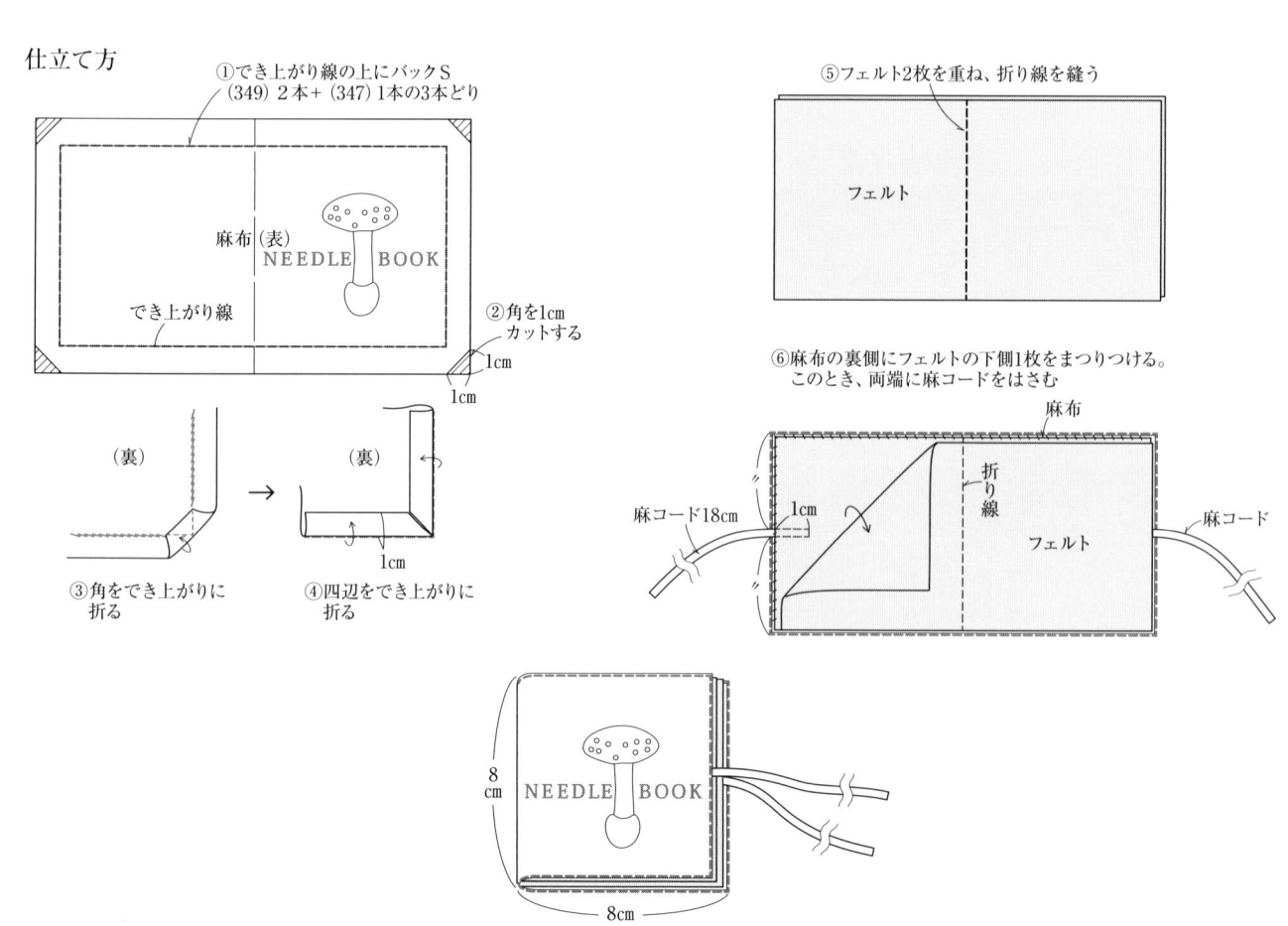

仕立て方

① でき上がり線の上にバックS (349) 2本+ (347) 1本の3本どり
② 角を1cmカットする
③ 角をでき上がりに折る
④ 四辺をでき上がりに折る
⑤ フェルト2枚を重ね、折り線を縫う
⑥ 麻布の裏側にフェルトの下側1枚をまつりつける。このとき、両端に麻コードをはさむ

PAGE 52　　ピンクッション

* 糸／DMC刺しゅう糸　#25（ECRU、349、347、3865、433）
* 布／麻布 ベージュ 20cm×12cm
* その他／幅0.8cmの麻テープ40cm　フェルト羊毛　リスのチャーム　アルファベットのスタンプ　布用インクパッド（セピア）
* でき上がりサイズ／図参照
* 作り方／布にスタンプを押し、刺しゅうをしてから裁ち、図を参照して仕立てます。

裁ち方
・1枚にスタンプを押し、刺しゅうをしてから裁つ

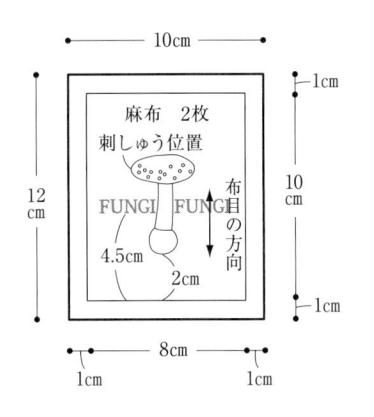

麻布　2枚
刺しゅう位置
10cm × 12cm（外寸）
内寸 8cm × 10cm
周囲1cm
スタンプ位置 4.5cm × 2cm
布目の方向

仕立て方

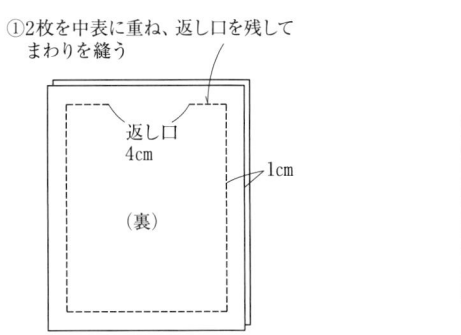

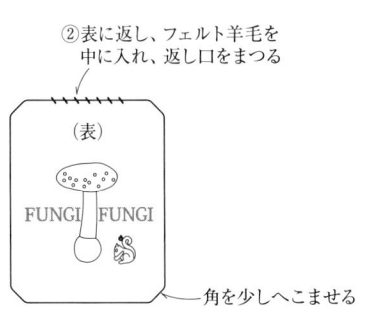

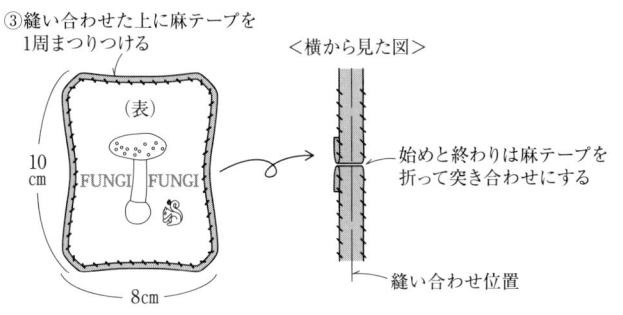

①2枚を中表に重ね、返し口を残してまわりを縫う
返し口 4cm
1cm
（裏）

②表に返し、フェルト羊毛を中に入れ、返し口をまつる
（表）
角を少しへこませる

③縫い合わせた上に麻テープを1周まつりつける
（表）
10cm × 8cm

〈横から見た図〉
始めと終わりは麻テープを折って突き合わせにする
縫い合わせ位置

刺しゅう図案（実物大）
・糸はすべて3本どり

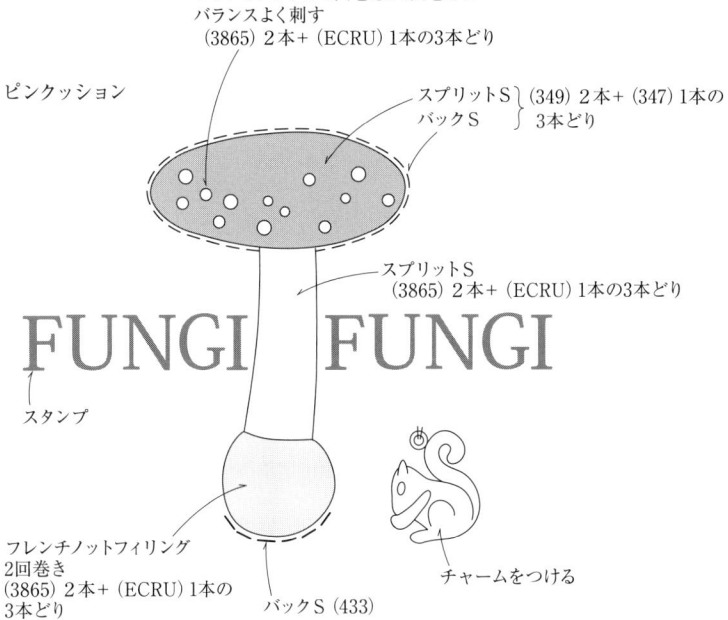

ピンクッション

フレンチノットS 2回巻き、1回巻きをバランスよく刺す
(3865) 2本＋(ECRU) 1本の3本どり

スプリットS
バックS　}(349) 2本＋(347) 1本の3本どり

スプリットS
(3865) 2本＋(ECRU) 1本の3本どり

FUNGI FUNGI
スタンプ

フレンチノットフィリング
2回巻き
(3865) 2本＋(ECRU) 1本の3本どり

バックS (433)

チャームをつける

ニードルブック
※刺しゅう糸と刺し方はピンクッションと同じ

NEEDLE BOOK
スタンプ

あとがき

でき上がった刺しゅうは、きわめてシンプル。
大きな作品はほんの少し。
それでも、たいそう時間をかけました。
色の組み合わせや、素材の使い方にこだわって、
納得できるまで刺しゅうに手を入れていたからです。

刺しゅうを始めたばかりの方にも、上級の腕前の方にも、
色合わせのコツやステッチの使い方などを楽しんでいただけたらと、
アイディアソースや工夫をまとめてみました。
刺しゅうをする方々の参考になれば幸いです。

また、この本を作るにあたり多くの方のご協力がありました。
私の刺しゅうスタイルを深く理解し、
より素敵に伝えるデザインをして下さった天野美保子さん、
ミニマムな大人かわいいスタイリングの鈴木亜希子さん、
刺しゅうのチャームポイントをつかんで撮って下さった白井由香里さん、
きれいなラインで図案を生き生きと表現してくれる大楽さん、
そしていつも遅れ気味の制作スケジュールを調整し、本のでき上がり
すべてに目配りをしている編集の谷山亜紀子さんに感謝をいたします。

春のアトリエより　　青木和子

Staff
ブックデザイン　　天野美保子
スタイリング　　鈴木亜希子
撮影　　白井由香里　森谷則秋 (P.26著者、P.49.51アトリエ外観)
　　　　青木和子 (日常のスナップ)
トレース　　大楽里美 (day studio)
編集協力　　田中利佳
編集担当　　谷山亜紀子

青木和子のステッチライフ
四季の庭、日々の暮らし

発行日／2016年3月24日　第1刷
　　　　2022年1月14日　第4刷
発行人／瀬戸信昭
編集人／今ひろ子
発行所／株式会社 日本ヴォーグ社
　〒164-8705 東京都中野区弥生町5-6-11
　TEL 03-3383-0637 (編集)
出版受注センター／ TEL 03-3383-0650　FAX 03-3383-0680
振替／00170-4-9877
印刷所／凸版印刷株式会社
Printed in Japan　©Kazuko Aoki 2016
NV70342
ISBN978-4-529-05544-4

＊印刷物のため、実際の色とは色調が異なる場合があります。
＊万一、乱丁本、落丁本がありましたら、お取り替えいたします。
　小社出版受注センターまでご連絡ください。

・本誌に掲載された著作物の複写に関わる複製、上映、譲渡、公衆送信 (送信可能化を含む) の
　各権利は株式会社 日本ヴォーグ社が管理の委託を受けています。
JCOPY ＜(社)出版者著作権管理機構 委託出版物＞
本書の無断複写は著作権法上での例外を除き禁じられています。複写される場合は、そのつど事前に、
(社)出版者著作権管理機構 (電話 03-5244-5088、FAX 03-5244-5089、e-mail: info@jcopy.or.jp) の
許諾を得てください。

Special Thanks
守谷みつばち夢プロジェクト

＊ 参考文献 ＊
「昆虫図鑑」　長谷川哲雄　ハッピーオウル社
「夏の虫　夏の花」　福音館書店
「どんぐりノート」　文化出版局
「香りの扉　草の椅子」　萩尾エリ子　地球丸
「鳥と雲と薬草袋」　梨木香歩　新潮社
「野の花さんぽ図鑑」　長谷川哲雄　築地書館
「ハーブ図鑑110」　レスリー・ブレンネス　日本ヴォーグ社
「UT I NATUREN」 PEDAGOGISK INFORMATION AB
「BIRDS OF BRITAIN」 NATURE LOVER'S LIBRARY
　READER'S DIGEST

＊ 素材提供 ＊
ディー・エム・シー株式会社 (DMC　#25、5、8)
東京都千代田区神田紺屋町13　山東ビル7F
TEL 03-5296-7831 (代)
http://www.dmc.com

株式会社 日本ヴォーグ社 (青木和子オリジナルリネン糸 発売元)
TEL 0120-923-258 (受注センター)
受付時間　午前9:00 〜午後5:00 (日・祝日休)
http://www.tezukuritown.com

アートファイバーエンドウ (AFE麻糸、チュールレース)
京都市上京区大宮通槇木町上る菱屋町820
TEL 075-841-5425
https://www.artfiberendo.co.jp/

＊ 撮影協力 ＊
AWABEES
TEL 03-5786-1600

あなたに感謝しております
We are grateful

手作りの大好きなあなたが、
この本をお選びくださいましてありがとうございます。
内容の方はいかがでしたか？
本書が少しでもお役に立てば、こんなにうれしいことはありません。
日本ヴォーグ社では、手作りを愛する方とのおつき合いを大切にし、
ご要望におこたえする商品、サービスの実現を常に目標としています。
小社及び出版物について、何かお気付きの点やご意見がございましたら、
何なりとお申し出ください。
そういうあなたに、私共は常に感謝しております。

株式会社 日本ヴォーグ社 社長　瀬戸信昭
FAX 03-3383-0602